전선에서 온 편지

전선에서 온 편지

이 땅에서 업을 위해 분투하는 그대에게

유상열 지음

동행과 작별로 '나'라는 백지를 한 장씩 채워
책의 두께로 만들어 준 모두에게 고마움과 미안함을.

추천의 글

– 엄기학 前 육군 제3야전군사령관

내가 역사와 전통의 수도기계화보병사단(맹호부대) 사단장으로 재직 중
이던 시절, 저자는 내가 머무는 사령부와 지척에 있는 여단 소속이었다. 그
시기의 모두처럼 저자도 천안함 피격과 연평도 포격 등으로 인한 긴장 상
태를 겪었고, 부대가 자랑하는 여러 굵직한 훈련에 성실히 임하며 복무 기
간을 보냈다.

특히 그중 몇 개월간은 6·25 한국전쟁 당시 전사하신 순국선열님들의
유해를 찾는 사단 발굴팀으로 선발 및 파견되기도 했다. 다른 이들과 동일
하게 주어진 시간 속에서 두 가지 역할을 모두 수행한 것이다. 그랬기에 그
때 나와 저자의 작은 만남이 오늘날의 인연으로 이어지게 되었다.

발굴팀 발족식 때 나는 사령부 근무실 앞에서 저자를 포함한 팀원 한 명
한 명과 직접 악수하며 격려했다. 그리고 그 이후, 유해가 나온 발굴 현장을
찾았을 때도 저자는 해당 현장의 담당자로서 바로 지근거리에 자리하며 상

황 보고에 참여했다.

발굴팀은 사단 내 단 하나로, 겨우 7~8명으로 구성되는 특수 목적의 작은 조직이다. 하지만 발굴 작전 중에는 약 100여 명이 넘는 1~2개 중대 인원을 가장 앞장서 이끈다. 이때만큼은 위관 간부들도 그 지휘를 따라야 한다. 그래서 발굴팀은 국방부 주체하에 진행되는 집체 교육 및 수차례의 시험 과정을 완수해야 했고, 작전 지역이던 가평·양평·청평의 거의 모든 산을 매일같이 오르내렸다.

당시 저자는 한여름 뙤약볕 아래서 고된 발굴 작업을 통해 찾은 유해를 60여 년 만에 가족의 품에 안겨주는 숭고한 임무를 수행한 열정적인 젊은 이였다. 그리고 이 책을 읽으면서, 나는 그가 복무 이후에도 그때와 전혀 이질적이지 않고 일관된 삶을 살아왔단 걸 느꼈다. 이전과 똑같이 국가와 사회에 이바지하겠다는 일념으로 큰 책임감이 수반되는 소규모 팀 창업에 도전했고, 조직된 회사 생활을 즐거워했으며 계속해서 이를 추구해온 것은 모두 지난날의 경험이 그에게 있어 중요한 바탕으로 자리 잡았기에 가능한 일이다. 그리고 그러한 과정에서 맞닥뜨리는 불의를 두려워하지 않거나, 좌절하더라도 재정비하며 또다시 앞으로 나아가는 정신 역시 마찬가지다.

이 책에는 그렇게 성장한 저자가 취업과 창업이라는 또 하나의 전선에서 본인이 실제 몸과 마음으로 겪은 이야기와 소감이 매우 소상히 기록되어 있다. 물론 처녀작이고 저자의 집필 의도가 명확한 만큼, 오래고 저명한 작가들 것에서 보이는 문학적 수려함과는 거리가 있다. 그러나 용감하고 담대한 문체로 꾸밈없이 써 내려간 글은 이제 나처럼 나이가 든 사람마저도 심금을 울리며 깊이 고민케 하는 데 조금도 부족함이 없다.

분명 미래의 대한민국을 짊어지고 가는 건 청년들이다. 언제나 그래왔다. 하지만 그 짐은 더욱 무거워질 것이다. 그렇기에 우리 기성세대와 이 사회가 이들의 애환을 이해하고, 그 길을 헤쳐 나가는 데 도움을 줄 수 있도록 다 같이 중지衆志를 모아야 할 때라는 생각이 든다.

그런 의미에서 이 책은 이미 경제 활동의 주축이자, 학업을 마친 후 업계에 첫발을 딛으며 새롭게 진입하는 MZ세대가 앞으로 다가올 시행착오를 조금이나마 줄이는 데 중요한 도움이 될 것이며, 더불어 특히 그 내용과 관련된 정책 당국자들에게도 참고할 만한 가치가 있다고 확신한다.

인생을 24시간으로 가정한다면, 저자를 비롯한 20·30·40대 청년들의 시각은 오전 10시경이다. 아직 하루는 충분히 많이 남아 있다. 작중 저자의 말처럼 늦었다고 후회하거나 포기할 이유가 전혀 없는 것이다.

부디 변화하는 시대 속에서 새로운 길을 유연하게 개척해나가기를, 그리하여 대한민국이 세계에서 으뜸가는 나라가 되는 데에 밀알의 역할을 하는 청년들로 성장해나가기를 기원하며.

2024년 3월
前 육군 대장 엄기학

서문

내가 중국 상해에서 대학교에 다녔을 때는 바야흐로 바이두 · 텐센트 · 알리바바 · 샤오미 등의 빅테크 플랫폼 기업들이 태어나 공룡기업이 되어 가던 시기였다. 아무래도 현지에 있다 보니 한국에 있는 사람들보다 먼저 해당 기업들의 서비스 및 프로덕트를 접할 기회가 많았다. 덕분에 플랫폼 경제를 비롯해 B2B · B2C · O2O 방식 등의 플랫폼 비즈니스에 관심이 깊어졌다. 그때부터 프로덕트 기획과 디자인 관련 공부를 시작했고 졸업 후 한국에 돌아와서도 관련 업계 취직을 최우선 목표로 했다.

언제나 그랬듯 내가 막 취업 준비를 시작한 그 시점에도 경제는 좋지 않았다. 글쎄, 그렇다고들 했다. 기업들은 하나둘씩 공채의 문을 닫기 시작했고 앞다투어 경력직만 채용하는 방향으로 전환하고 있었다. 온 · 오프라인에는 "경력직만 뽑으면 경력 없는 신입은 대체 어떻게 경력을 쌓을 수 있나?"와 같은 비아냥과 하소연이 금세 넘쳐났다.

당시 나는 어찌어찌 서류전형을 통과한 회사 한두 곳과 면접을 봤으나 당연히 모두 탈락했다. 그러면서 주기적으로 수만 원씩 헌납하면 소위 '스펙'을 만들어 주는 각종 어학 시험에 회의감이 생겼다. 노력이 헛되이 쓰인다는 생각이 나날이 깊어졌고 허송세월 중이라고 느껴졌다. 어떤 기약도 없이 망망대해에 떠 있는 듯한 시기였다.

어느 날 새벽, 잡념과 함께 뒤척이고 있을 때 문득 B2C 플랫폼 사업 아이디어가 뇌리를 스쳤다. 나는 곧바로 가장 가까운 후배에게 전화를 걸었고 신이 나 설명하기 시작했다. 통화 내내 가라앉지 않던 흥분이 지금도 생생하다. 이 아이템을 통해 우리는 함께 일할 수 있다! 이후 나는 아이디어 구체화에 착수했고 얼마 뒤 작은 팀을 꾸려 문화콘텐츠 ICT 스타트업을 창업했다. 졸업 후 계속되던 취업 활동은 그렇게 잠시 멈춰졌다. 그때까지가 나의 **1차 구직 시기**였다.

우리 팀의 목적은 명확했다. 그것은 M&A나, IPO가 아니었다. 일찍이 스타트업과 플랫폼 서비스를 공부한 덕분에 갓 졸업한 20대 중후반의 풋내기들이 아무리 날고 긴다 한들 그런 형식의 엑시트Exit는 턱걸이도 못할 거라 확신했다. 근처도 못 갈 단계를 무모하게 집착하며 비현실적인 꿈을 꾸다간 정작 그 과정에 아무 배움도 남지 않을 게 분명했다. 돈도 돈이지만 일단은 실질적으로 일할 수 있는 기회가 당장 우리에겐 더 중요했다. 그리고 그 기회를 통해 유의미한 성장을 이루고 **실용적 스펙**을 쌓아 각자의 희망 진로로 나아가는 것. 나는 그것을 최종목적으로 삼았다.

그래서 세 가지 서비스를 순수 자력으로 기획 · 제작 · 운영해 보기로 했다. 그 대신 무조건 반짝반짝 빛나는 온리원Only.1 아이디어(나는 그러한 무형의 것을 '제뉴인Genuine'이라 불렀다)만을 제작하되, 기회가 생기면—없으면 만들어서라도—곧장 매각하는 위험한 전략을 택했다. M&A나 IPO는 결코 재능만으로 가능하지 않지만, 서비스 기획과 수익 모델 디자인만큼은 누구보다 자신 있었으니까.

사실상 우리는 종료 시점을 정해둔 일종의 TF팀과도 같은 회사였다. 어쩌면 그렇게 스스로 기한을 염두에 뒀기에 그 안에서 어떻게든 결과를 내야 했고, 그래서 평일/주말 없이 밤낮으로 미친 듯 일에 몰두하며 공부할 수 있었다.

"이 도전이 끝나도 우리는 여전히 젊고 다른 곳에 취직하기에 전혀 늦지 않은 나잇대일 거야. 하지만 주야장천 어학 시험 점수나 올리고 봉사 활동이나 해온 다른 구직자들과는 비교할 수 없는 실무 역량을 갖게 돼. 그 경쟁력으로 서류와 면접에서 더 나은 모습을 보일 거고, 취업 후에도 다른 직원들과의 역량 차이가 계속 유효할 거야."

나는 멤버들에게 팀 합류를 처음 설득했을 때와 일하는 동안 자주 이렇게 말했다. 이후 **2차 구직 시기**를 거쳐 첫 취직에 성공했을 때 나는 내가 말한 차이를 몸소 느낄 수 있었다. 비단 실무적 역량뿐만이 아니었다. 남들과 조금 다른 길을 택했기 때문에 일반적이라면 겪지 않을—어쩌면 평생 겪을 일 없거나 군이 겪지 않아도 될—여러 홍역을 치르면서 정신적 성숙은 물론이고 통찰력과 분별력도 상당히 길러져 있었다. 겨우 몇 년 전 나 자신이나 또래들과는 확연히 다른 모습이었다. 인생은 빨리 가는 것이 중요한 게 아니라 깊어지는 것이 중요하단 걸 깨달은 건 그때였다.

이 책을 통해 당시 우리 팀의 여정을 소개하려는 것은 아니다. 혹시라도 스타트업이 얼마나 고되고 얼마나 강한 열정과 의지가 필요한지를 알아보고자 한다면 다른 책을 권유하고 싶다. 비록 '오류 · 실패 · 불화 · 기만 등으로 고군분투하는 청년들의 눈물 없이 볼 수 없는 성장 드라마' 내러티브에서 좀처럼 벗어나지 못할 게 뻔하지만 그래도 매우 상세할 것이고, 우리 팀의 이야기도 그런 책들의 내용과 별반 다르지 않을 것이다.

또 '스타트업계'가 이 책의 주제인 것도 아니지만 본문의 여러 내용이 그와 밀접한 관계인 이상, 그 배경에 대해 어느 정도는 미리 설명할 필요성을 느낀다.

우선 오늘날 한국 스타트업 회사는 사실상 스타트업이 아니다. 그들은 배부른 늑대들이다. 대단히 많은 사업체가 그 시작부터 중소기업 이상의 환경과 조건을 갖추고 있다. 단지 콤팩트할 뿐이다. "스타트업은 위험하다"라는 건 순전히 옛말이다. 예전처럼 고생이 훈장이거나 덕목이지도 않다. '혁신'은 유명무실하고 기본적인 선전용 키워드로 전락했다. 서비스 본질에 충실해 성장에 매진하기보다는 투자 유치로 몸집 불리기에 더 치중한다. 한발 한발 전진이 아니라 아예 처음부터 잘 짜인 완벽한 각본 아래 로켓부터 만들어 모든 걸 싣고 단 한 번에 쏘아 올릴 궁리에 여념이 없다.

마치 연예기획사가 A-Z까지 철저히 기획해서 제작하는 '아이돌'과 같은 방식이다(실제로 많은 대표들이 스스로 스타트업계의 아이돌처럼 포장하고 PR한다). 그래서 그라운드 제로Ground Zero부터 성장한 아티스트의 느낌은 없다. 그러면서 툭하면 언급하는 게 차고에서 시작한 스티브 잡스Steve Jobs 또는 그와 비슷하게 밑바닥에서부터 출발해 자수성가한 유형의 인물 · 회사 이야기다. 이런 모든 현상의 원인 중 하나로는 **비대해진 스타트업 자본시장**

과 우후죽순 늘어난 투자자를 꼽을 수 있다.

현시대는 '순서'가 '깊이'를 압도한다. 토익 고득점을 받도록 패턴·공식·파훼법을 알려주는 족집게 학원·강사·강의의 존재로 영어 자체를 잘해야 할 필요가 줄어든 것처럼, VC·액셀러레이터·펀드·금융기관 등 여러 형태를 한 거대 투자 자본의 존재로 인해 성공적 사업체를 구성하는 필수 성분들 자체의 우수성은 핵심에서 밀려나 버렸다.

상황이 이렇다 보니 사업적 목표 달성보다는 더 큰 규모의 다음 단계 투자 유치를 성공으로 여기는 회사가 많아졌다. 구태여 시장 내 경쟁과 시행착오를 통한 서비스 발전을 발판 삼아 성장하지 않아도 일단 투자만 받으면 곧바로 곳간이 가득 차는 데다가, 그편이 속도도 훨씬 빠르기 때문이다. 그래서 회사들은 구직자들이 기술적으로 토익 점수를 높이듯, 기술적인 IR(Investor Relation, 투자 유치 활동)을 통해 지속해서 투자를 유치하려 한다. 급기야 이른바 '투자받기 좋은 톤'이 유행하고 '투자자 마음에 들기 위한 사명(서비스명) 작명법'이라는 자질구레한 정보까지 공유될 정도다.

스타트업들이 계속해서 투자받으려는 이유는 더 있다. 여전히 자본금이 부족해서가 아니라 애당초 사업성(수익성)이 약해서 그렇다. 기술적인 IR로 투자 유치는 성공했어도 그 IR 과정에 쓰인 사업계획서 등의 자료 내 데이터와 실상은 전혀 다르고, 현실은 계획대로 흘러가지 않는 법이다. 그래서 실제로 BEP(손익분기점)를 넘지 못하거나 그 달성에 큰 곤란을 겪는 회사가 상당히 많다. 토익 점수 높다고 실제 영어 수준을 높게 볼 수 없듯, 투자 유치 많이 했다고 꼭 좋은 회사, 좋은 서비스라 볼 수 없는 것이다.

투자자는 현실 감각 없이 책상에만 앉아 있는 공무원과 비슷한 성질을 가진 사람들이다. 그들은 오직 문서로만 특정 업계를 판단하며 수익만을 계산할 뿐이고, 그 수익률은 서비스 품질 및 만족도와 항상 정비례하지 않는다. 테라노스Theranos와 같이 광기 가득한 사기 집단과 그에 엮인 눈먼 투자자들의 경우처럼, 유수의 영화제 수상을 하고 평론가들의 극찬을 받았으나 관람해 보니 아무 감흥도 없는 영화의 경우처럼, 분명 꽤 유명한 서비스인데 막상 써보니 오류투성이거나 지나치게 과금을 유도하거나 기능이 제한적이라는 모종의 이유가 불만족스러워 결국 앱을 삭제했던 경험을 떠올려 보라.

즉 이런 회사들은 신용카드로 현금을 갈음하듯 투자 유치로 미완인 사업성을 갈음한다고 볼 수 있다. '스노우볼 효과'처럼 돈이 돈을 불리는 법이라, 당장은 서비스가 부족한 점이 있어도 버티고 버티며 자본을 늘리다 보면 점진적으로 매출 및 수익이 증가할 것을 알기 때문이다. 사실상 밑 빠진 독에 엄청난 양의 물을 쏟아붓고 잠시 아예 잠기게 만든 다음 밑을 때울 시간을 버는 식이다.

늘 그랬듯 종국에는 엉터리 서비스를 쓰는 사용자가 그 피해를 고스란히 떠안지만 어쨌든 대표와 이사들은 돈방석에 앉는다. 그렇게 잔뜩 끌어 모은 회삿돈은 사옥 건립과 법인 차 구매에 쓰이기도 하고, 제뉴인 아이디어로 사업하는 마이크로 스타트업 회사들을 바이아웃해서 구멍 난 사업성과 평판을 메우는 데 쓰이기도 한다. 보드진의 탐욕도 채우고, 탐나는 사업 아이템을 쇼핑해 선도적 허영심도 채우고, 투자자들도 만족시키는 것이다.

그 돈은 타사—주로 실리콘밸리 기업들 문화에서 차용한—의 멋들어져 보이는 온갖 사내 복지 및 혜택을 답습하는 데에도 사용된다. 젊은 세대

직원들과 구직자들의 비위도 맞춰야 하기 때문이다. 오늘날 회사들은 특히 이 부분에 생각보다 큰돈을 들이고 있다. 많은 젊은 세대가 까다롭고 유난 떠는 세 살배기 응석받이 같아져서다. 이들은 자아가 지나치게 강해 자신에게 엄격하지 못하다. 따라서 때와 장소를 구분하여 행동하는 걸 어려워한다. 충성심은커녕 애사심도 그리 크지 않아서 전사적 목표를 위해 합심·합동하는 것보다는 본인의 스트레스 지수가 높아지지 않는 것이 더 중요하다. 그래서 회사라는 장소가 마치 '힐링'이라도 가능한 곳처럼 되기를 바라거나 그렇게 되는 게 가능하다고 여기기도 한다.

경영진은 대외 이미지를 위해서라도 이런 부분에 신경 쓰지 않을 수 없다. 여러 구직 사이트에 올라오는 채용 공고만 봐도 알 수 있다. 업무 내용과 자격 요건 설명은 짧고 함축적이지만 혜택 및 복지—면밀하게 살펴보면 썩 그리 대단한 것들도 아니지만—는 길고 장황하다. 복리후생이 제일 위에 있고 스크롤 해서 내리다 보면 그제야 업무 및 요건이 나오는 공고도 허다하다. 염불에는 마음이 없고 잿밥에만 관심 있는 구직자들을 현혹하기 위해 본말전도인 모습을 하고 조삼모사식 달콤함으로 치장한 것이다.

또한, 이런 회사들은 높은 확률로 지금껏 유치한 투자 내력을 공고 어딘가에 꼭 노출한다. 언제부턴가 업계에서는 누적 투자액이 마치 업의 본질적 영역에서 이미 승리했기 때문에 얻은 전리품이라도 되는 양 구는 게 유행처럼 되어버렸다. 매출액이 아니라 투자유치액을 내세우는 건 그다지 자랑스러운 일이 아니다. 회사는 투자 기관이 아니라 소비자에게 인정받아야 한다. 적어도 나는 그렇게 배웠다.

다시 본론으로 돌아오자. 나는 스타트업을 통해 스킬셋과 마인드셋이 몰라보게 발전했고 그 이후 유명 외국계 ICT 기업에 취직했다. 겉으로만 보면 분명 팀원들에게 말했던 대로 우리가 갈고 닦은 실질적 역량을 인정받은 결과일지도 모른다. 하지만 그렇다고 오직 그 이유만으로 취직에 성공했다고 볼 수는 없다.

만약 그 성공이 나의 역량이나 됨됨이, 훌륭하고 성공적인 면접 같은 것들 덕분이었다면, 그건 곧 한 사람이 다른 사람의 모든 걸 한 치의 오차도 없이 판단하는 절대적 평가가 언제나 가능하다는 뜻이다. 정말 그랬다면 나는 그 회사에서 아주 오랫동안 근무했을 것이다. 분명 정상적이고 우수한 사람들로만 구성되어 **있었을 테니까**.

맞다. 내가 그 회사에 갈 수 있었던 건 결국 **운** 때문이었다. 그리고 어렵게 입사한 그곳에서 1년이 채 지나기 전에 사직했다. 그럴 수밖에 없었다. 구체적 상황은 이후 본문에서 자세히 이야기하게 될 테지만, 참고로 나는 그곳의 구성원 중 그래도 오래 살아남은 편에 속한다. 그리고 그 회사를 그만둔 후 이 글을 쓰기 시작한 현재까지 무려 3년 8개월 동안—계속 늘어나는 중이다—나는 또다시 취직을 준비하고 있다. 지금이 **3차 구직 시기**이고, 전체 인생으로 봤을 때 상당히 오랜 슬럼프에 빠진 셈이다.

정리해 보면 아래와 같다.

> 1차 구직 시기 : 2014년 7월 ~ 2015년 6월 (약 12개월)
>
> 2차 구직 시기 : 2018년 2월 ~ 2018년 12월 (약 11개월)
>
> 3차 구직 시기 : 2019년 9월 ~ 2023년 4월 23일 현재 (약 3년 8개월)

총 67개월 정도의 기간이다. 특히 지금의 3차 시기는 코로나19가 불러온 팬데믹으로 취업난이 극심해졌던 걸 고려하더라도 너무나 길어지고 있다(하지만 분명 나보다 더 오래 분투 중인 사람도 많을 것으로 추측한다).

나는 모든 기간을 통틀어 최소 1,500회 이상 서류전형에 지원했고, 그중 최소 100회 이상의 면접을 보았다. 면접이 40분 이내로 끝난 경우는 그다지 많지 않았고, 대부분은 1시간, 그리고 1시간 30분 정도와 2시간이나 되는 면접 또한 상당수 있었다. 그리고 거기에 수반되는 기타 시간—서류 지원 전 각 회사 관련 분석 시간, 직무 및 적성 적합 여부 검토 시간, 입사 지원 서류 작성 시간, 면접 결정 시 이발 등의 미용 시간을 비롯한 각종 준비 시간 및 왕복 이동 시간 등—까지.

따라서 어림잡아 계산해 봐도 나는 마치 금과도 같은 어마어마한 양의 귀중한 자원을 이 취직(면접)이라는 '시험', 혹은 '**꼼짝 못 하고 일방적으로 감내하는 정신적 고문**'에 필사적으로 집중하며 할애한 것이라 할 수 있다.

그렇다. 앞서 말했듯 이 책은 스타트업에 관해 논하는 책도 아니고 취업 성공 노하우에 관해 논하는 책은 더더욱 아니다. 이 책은 그동안 내가 지원한 회사와의 채용 과정—주로 면접 시—에서 실제로 겪은 일들, 그중에서 아직도 선명히 기억하는 최악의 케이스들을 추려 총정리한 책이다. 만약 "난 여태껏 단 한 번도 그런 경험이 없는데"라고 말하는 사람이 있다면 축하의 말을 건네고 싶다. 결과적으로 그 사람은 지금까진 운이 좋았다고 할 수 있다.

이제껏 내가 구직에 목멘 기간이 짧은 축에 속하는지 긴 축에 속하는지,

면접 횟수가 적은 축에 속하는지 많은 축에 속하는지는 모르겠다. 그런 건 영원히 알 수 없다. 하지만 그 안에서 발생한 희한하고 황당하고 불쾌하고 한심한 경험들은 책 한 권은 충분히 쓸 정도로 겪은 것 같다. 그것이 내가 더 이상 취직을 취직이라고 생각하지 않는 이유다.

취업은 곧 '전투'다. 세상과의 싸움인 동시에 자신과의 싸움. 불합리하고 저급하고 형편없는 온갖 부정적 성질들이 불가사의한 이유로 엄습할 때, 고상함과 인내심으로 품위를 지키는 전술로 대응하는 고요하고 고독한 항전이다.

이 전장에는 잔혹한 피비린내 대신 촌스러워 역겨운 냄새가 진동한다. 나는 그 악취의 주원인이 되는 몇 가지 악성을 주제로 삼아 이 책의 목차를 나눴다. 각 목차에서는 내가 겪은 실례를 바탕으로 우리가 취업할 때 싸우게 되는 것들, 즉 자신을 굴복시키려는 것들과 그에 맞서 자신을 지키며 계속 전진하기 위해 품어야 하는 정신 등에 관해 이야기한다.

따라서 이를 통해 회사(경영진)와 그 구성원, 구직자 모두가 고찰할 수 있는 내용은 다음과 같다.

· 회사의 발전 및 조직 구성의 저해 요소
· 우수하거나 그렇지 못한 조직과 리더의 조건
· 회사라는 집단의 구성원으로서 가져야 할 자세
· 피해야 할 조직의 성질과 취업의 진정한 의미
· 취업이라는 목적을 이루는 과정에 필요한 마음가짐

나는 '취직 방법론' 따위에 이 책의 초점을 맞추지 않았다. 만에 하나 그런 것이 있더라도 나는 그것을 소개하고 설명할 수 없다. 그런 것이 실존한다면 지금 순간까지도 취직하지 못하고 있는 나는 결국 그것을 모른다는 뜻이 된다. 그러니 이 책에서 취직 성공 비결 같은 달콤한 푸가지Fugazi를 들을 수 있을 거란 기대는 하지 않는 편이 좋다.

다만, 나는 일찍이 대학 시절부터 여러 소소한 사업에 적극적으로 도전하며 사회적·경제적 활동에 참여해 왔다. 덕분에 구직/직장/창업 생활을 전부 겪었고 리더/팔로워, 면접관/면접자, 운영자/사용자 등 상반된 역할과 시각을 모두 경험했다. 하지만 대단한 성공을 거뒀거나 대단한 사람은 아니다. 나는 그저 지극히 평범한 사람으로, 거쳐온 과정에서 항상 진중한 자세로 깊이 사고하며 쟁취를 위해 경쟁하고 투쟁했을 뿐이다. 그렇기에 꺾여가는 마음과 약해지는 정신을 붙들고 또 하루 버텨내며 도전을 이어가고자 하는 사람에게는 이 책이 도움이 될 것이라 믿는다. 그리고 나아가 최종적으로는 모두가 각자 삶의 온전한 리더로 거듭나 본인의 업과 그를 위해 조직된 집단이 올곧게 되기를 진심으로 바란다.

그러기 위해서는 우선 한 가지 명제에 동의해야 한다. 바로 **"이 세상에 성공하는 비법 따위는 없다"**라는 명제다. 취직 역시 마찬가지다. 그것은 운으로, 곧 하늘에 달린 것이다. 결정권이 나에게 있지 않고 남에게 있기 때문이다. 그리고 그 운은 인간이 관장하는 영역이 아니다. 이때 노력 여부와 결과는 철저히 분리된다. 노력은 '심판의 장소'까지만 인도하는 지도·나침반·연료 등의 필수 조건일 뿐 원하는 결과 그 자체를 도출해 내지는 못한다. 즉 노력은 '기회에 대한 도전'이지 '결과에 대한 도전'이 아니다.

아무리 좋은 모습을 보이려 성심성의껏 준비하고 여러 레퍼토리를 만들어 달달 외우더라도. 또 그 레퍼토리의 변형을 여럿 만들고 그것들도 전부 암기한 다음, 능수능란하게 연기하는 배우들처럼 자연스럽게 대사를 내뱉듯 연습해서 기술적 표현과 진정성이 감히 스스로 판단해도 만점이라 할 수 있을 만큼 완벽한 면접을 봤더라도. 그렇게 갖은 방법을 다 써서 아쉬움 한 톨 남지 않는 면접이 되었더라도 그 노력이 결과와 인과관계에 있지는 않다. 분석·추측할 수 있거나 없는 온갖 이유로 탈락하는 경우가 부지기수라서.

그리고 그 모든 이유와 의혹은 "그냥 별로여서"라는 면접관의 의견 한마디면 아주 쉽게 귀결되고 종료된다. 면접은 객관식 시험이 아니니까. 안 되는 일은 정말 희한하리만치 안 된다. 그래서 취직은 운이라는 얘기다.

하지만 부디 오해하지 않기를 바란다. 회사와 구직 활동 그 자체를 부정적 시선으로 보는 것은 아니다. 나는 시대가 바뀌고 있음을 느끼지만, 그래도 아직 '회사'라는 조직의 존립 이유와 가치, 가능성을 믿는다. 결국은 운이니 그냥 임의대로 살아도 된다는 건 더더욱 아니다. 요체는 구직 활동 중 우리의 정서와 자신감, 인간적 존엄성이 저 깊숙한 심해까지 곤두박질치게 만드는 경우가 빈번히 발생한다는 점이다.

다시 한번, 취업은 곧 '전투'다. 우리가 확실한 열세일 수밖에 없는 처절한 전투. 그러므로 갑자기 맞닥뜨릴 그 악성들을 미리 인지하고 있어야 한다. 스스로 보호하고 위로하고 회복할 줄 알아야 한다. 원하는 목표에 도전하려면 **우선은** 그렇게 강인해져야 한다.

나는 2023년 4월 18일 화요일 오후 5시 종로구에서, 21일 금요일 오후

4시와 오후 6시에는 강남구에서 각기 다른 회사와 면접을 보았다. 그리고 23일 일요일 새벽, 오래전의 어떤 날처럼 잡념으로 늦게까지 뒤척이고 있었다.

문이 열리지 않는다. 정말이지 너무나 오랫동안 열리지 않는다. 지쳤다. 전부 포기하고 싶다. 더는 이런 삶을 살고 싶지 않다. 이것은 정말로 심각한 문제이며 잘못되어도 단단히 잘못됐다. 인간으로서는 너무나 불행하고 기형적인 삶이다. 지난날 창업한 회사의 미션은 "진정한 일로써 국가와 사회에 기여한다"였다. 나는 아직도 그 미션을 가슴 속에 품고 있고 그것을 이루고픈 심정이다. 하지만 그렇기에, 그럴 수 없는 현실이 괴롭다. 이 순간, 세상엔 분명 나와 같은 상황인 사람들이 많겠지. 불운과 억울함으로 분해서 잠 못 이루는 사람들. 같은 과정을 겪는 사람들은 앞으로도 계속 생겨날 것이다. 언제까지 이럴 수는 없고 세상이 이래서는 안 된다. 나는 일할 능력이 있고 마땅히 일해야 한다. 그리고 그 일은 무언가 사회에 도움이 되는 일이어야 한다.

다음 날인 24일 월요일은 나의 생일이었다. 온종일 받은 연락은 딱 세 차례에 불과했다. 모두 며칠 전 면접 본 세 곳의 탈락 통지였다. 그러나 나는 이미 어떤 생각에 점점 빠져들고 있었다. 실로 오랜만에 찾아온 건설적 집중. 동요는 없었다. 나는 책을 써본 적도 없고 글 쓰는 법을 배운 적도 없다. 하지만 편지라면 또 다르다. 뭐가 됐든 분명 또 하나의 도전이다. 부디 사람들에게 조금이나마 위로와 도움이 된다면 기쁠 것이다.

목차

챕터 1.

오만함과 싸우다

[웰컴 투 더 정글]

나는 역사학을 전공했다. 역사를 공부하면 좋은 점 중 하나는 여러 인물을 통해 수많은 삶을 대리 경험할 수 있다는 점이다. 그들의 이야기를 온전히 이해했다면 인생을 예비하고 대비할 수 있게 된다. 어떤 행동에 어떤 결과가 따를지 아는 분별력이 생기는 것이다. 그리고 시대가 바뀌어도 이 분별력은 계속 유효하다. 역사는 반복되기 때문이다. 정말이지 진부한 수사학인 건 맞다. 하지만 무언가가 진부한 이유는 그것이 진실로 참이기에 그렇다.

역사의 주체가 인류에서 다른 동물로 바뀌지 않는 한, 역사가 되풀이된다는 이 명제 또한 끝없이 반복된다. 역사도, 인간도 결국 그 형태와 구조만 조금씩 달라질 뿐 구성 요소, 전개 방식, 핵심 가치 등은 틀에서 벗어나지 않는 것이다. 아니, 벗어날 수 없다. 그 모두가 인간이라는 유한한 존재로부터 비롯된 것들이라서다. 그러므로 역사를 공부한다는 건 인간을 공부한다는 것과 같다.

운 좋게도 지금껏 나는 책으로는 물론이고 실제로도 사람들을 참 많이 만나보았다. 그들은 비단 한국인뿐만 아니라 타 대륙 타 문화권의 타 인종들로, 그 교류 기회의 종류 역시 꽤 다양했다고 볼 수 있다. 그리고 그럴 때면 기존에 습득한 여러 이야기의 인물들과 그 배경에 대한 현지와 현지인(또는 직접적 관련인)의 시각과 평가는 어떤지를 꼭 확인한 다음, 정보를 가장 합리적이고 사실적으로 정립하곤 했다.

만일 연령대에 따른 인적 교류량이나 총 누적량, 또는 분포 범위의 종합적 수치 산출이 가능하다면 나는 평균치를 웃돌지 않을까 싶다. 주어진 시간은 균등해도 환경적 조건과 그 안에서의 행동 방식 특성이 이 계수 변동에 지대한 영향을 끼치기 때문이다.

나는 활동적인 사람이고 늘 무언가를 바쁘게 하며 살아왔다. 대부분이 카메라동호회/록밴드/사물놀이패/몇 차례의 온라인 커머스 사업/스타트업처럼 개인보다는 팀으로서 함께하는 것들이었다. 나는 상당히 독립적인 개체인 동시에 또 양가적으로 그만큼이나 단체 생활을 즐기고, 특히 그중에서도 높은 자율성과 큰 책임이 따르는 조직적 체계의 고차원적 집단을 가장 선호한다. 스타트업을 창업했던 이유는 단지 사업 아이디어가 나왔기 때문만이 아니다. 바로 그런 집단으로써 곧장 일할 수 있는 기회였기 때문이다.

개인주의/집단주의, 내향적/외향적 등은 서로 대치되는 개념이 아니다. 단순히 표면적으로 드러나는 뜻만 가지고 어휘들을 양극단으로 나누어 이해하는 실수를 범해선 안 된다. 만일 둘 중 한쪽을 고르기 쉽다면 두 성질의 내재적 크기에 차이가 있는 것이고, 작은 쪽이 계발될 경험이 자의 또는 타의로 부족했을 뿐이다. 그러니 미처 노력을 다해보지도 않고 "난 이러이러한 사람이다"라고 쉽게 규정하는 건 어찌 보면 자신에게 무책임하거나 비겁한 행동이다.

다른 사람과 만나는 모든 장소(사회)는 이런 자신의 불균형을 교정하고 균형을 맞출 수 있게 해주는 훈련소와 같다. 그리고 그런 곳에서 기회를 많이 얻으면 얻을수록 자연스럽게 사람 보는 눈이 길러진다. 사람·사물·사건을 꿰뚫어 보는 통찰력이 생기는 것이다.

결국, 역사, 즉 인간에 관한 탐구는 '균형', '분별력', '통찰력'을 얻는 과정이라 할 수 있다. 이 가운데 가장 유의해야 할 것은 통찰력이다. 섣불리 쓰거나 과신, 남발하면 선입견이 눈을 멀게 해 오만해지고 만다. 그러지 않으려면 항상 겸손하고 기본에 충실해야 한다. 여기서 '기본'이란 통찰에 앞서 세심히 관찰하는 것을 말한다. 통찰은 관찰력으로부터 길러지고, 관찰력은 호기심으로부터 길러진다. 그리고 호기심은 순수성으로부터 길러진다. 언제나 마음心이 힘力보다 먼저고, 그 마음은 성질性이 좌우하는 법이다.

많은 이들과 접하는 기회 속에서 내가 특히 주의 깊게 보았던 건 '리더'라는 부류였다. 나는 아주 어려서부터 뛰어난 리더들의 이야기에 본능적으로 매료됐다. 그리고 이후 성장하며 그런 자리에 여러 차례 적극적으로 도전했고 또 여러 번 실패했다. 그 덕분에 리더의 자리는 내가 원한다고 얻을 수 있는 것이 아니라 준비가 되었을 때 찾아온다는 걸 깨우쳤다.

그렇게 리더와 팔로워의 입장을 반복적으로 왕복하며 배운 또 한 가지는 늘 리더 자리에만 있는 사람은 좋은 리더가 아니기 쉽다는 점이다. 팔로워는 리더를 바라보지만, 리더는 팔로워만을 바라보지 않기 때문이다.

리더는 팔로워보다는 앞날을 봐야 하는 사람이다. 그러니 항상 앞으로 이끄는 일만 하면 팔로워를 이해하기 어려울 수 있다. 그래서 그보다는 팔로워로서 많은 리더를 따라보고 관찰하며 제 역할에 충실했던 사람이 오히려 좋은 리더가 될 가능성이 크다. 또 그랬던 만큼 리더인 사람과 그렇지 않은 사람을 감지하고 판단하는 눈도 좋아진다. 2차 구직 시기였던 2018년, 서울 ○○구 어느 회사와의 면접은 내가 그것을 실감한 대표적인 일례다.

창업했던 스타트업 S사가 해체되고 몇 개월쯤 지난 시점이었다. 당시 이 회사는 공식 블로그와 채용 공고 등은 물론이고 심지어 사명에까지 부제 격으로 'IT 회사'라는 말을 연거푸 쓰고 있었는데, 구체적으로 사업의 어떤 부분에 IT 기술을 접목했다는 건지는 알 수 없었다.

그 흔하고 기본적인 회사소개서나 프로덕트 소개서 역시 아무리 찾아봐도 찾을 수 없었다. 나중에 정확히 알고 보니 주로 대인관계와 관련된 심리 상담 및 문제 해결 서비스를 제공하는 유사 컨설팅 업체였는데, 상담사가 유선이나 대면 등의 비교적 전통적 방식 대신 주로 컴퓨터(온라인)를 활용한다는 이유로 'IT'라는 단어를 붙인 모양이었다. 어쩌면 정확히 어떤 유형을 IT 회사라 하는지 정말 몰랐거나, 또는 충분히 알면서도 기성 업계와의 차별화를 위한 브랜딩 효과를 내려는 의도였던 것 같다(후술할 이야기로 미루어 봤을 때 나는 전자 쪽이다).

당사 위치는 대로변에서 꽤 안쪽이었다. 사무실은 작은 빌라와 원룸 밀집 지역의 한 허름한 저층 상가 건물 2층 혹은 3층이었다. 그런데 엘리베이터가 없어 좁고 가파른 계단을 걸어 올라가야 했다. 준공 당시부터 설치된 출입문이 허름하게 녹슨 채 일반 가정집처럼 굳게 잠겨있었다. 벨을 눌러 방문 목적을 밝히자 곧이어 한 직원이 맨발로 문을 열어줬다. 바닥 전체에 어린이집이나 유치원에서 쓰는 대형 스펀지 퍼즐 매트를 깔아놔서 신발을 벗고 들어가야 했다.

"이쪽에서 잠시 기다리세요. 대표님이 지금 가능하신지 보고 다시 말씀드릴게요." 직원은 출입구 근처 한 의자를 내주고 어느 방으로 들어갔다.

사무실 분위기는 몇 번인가 가봤던 인력사무소 같았다. 출입구 바로 옆에는 창고에서나 쓰는 대형 철제 선반이 한쪽 벽면을 전부 차지하고 있었고, 문짝이 따로 없는 탓에 직원들 신발은 물론이고 뒤죽박죽 쌓인 온갖 짐들이 한눈에 다 들어왔다.

실내는 본래 텅 빈 하나의 공간에 가벽을 세워 안쪽 방 3개와 바깥을 나눠놓은 구조였다. 주황색과 초록색 매트가 촘촘히 깔린 바깥 공간은 단체회의 및 휴게 용도인 듯했다. 직원들은 바닥에 앉아 통화를 하거나, 방에서 통화를 하거나, 사무실을 들락날락하며 통화를 했다. 일반적인 회사라기보다는 CS센터의 모습에 더 가까웠다. 자유를 빙자한 해이가 습관처럼 자리 잡은 느낌이었다. 이렇게 소란스러운데 방 안에 있다고 한들 과연 정상적으로 일할 수 있을지 의문스러웠다.

"저쪽으로 들어가시면 됩니다."

안내받아 들어간 가장 안쪽 방은 전등이 켜져 있었는데도 그다지 밝지 않았다. 직원들 책상 몇 개가 가운데에 몰려있었고 그들을 한눈에 볼 수 있는 위치에 대표 A의 자리가 있었다. 내가 인사를 하자, 그는 책상 뒤 크고 쿠션이 많은 의자에 앉은 채 정면 의자를 손짓했다.

A는 30대 후반 또는 40대 초반 정도의 남성이었다. 그는 양말도 신지 않은 맨발로 의자 위에서 또다시 양반다리를 하고 앉아 있었는데, 너무 꽉 끼는 반소매 와이셔츠까지 입고 있어서 지방 가득한 복부가 적나라하게 튀어나왔다. 누구든 겉만 보고도 그가 권력자 형 리더란 걸 쉽게 지각할 만큼 남의 시선 따윈 아랑곳하지 않고 속을 훤히 다 드러내놓는 사람이었다. 누구도 감히 그것을 지적할 수 없단 사실을 스스로 너무나 잘 아는 나머지 내키는 대로 하는 데 일말의 거리낌도 없어진 모양이었다. 꼭 사바나 한가운데 널브러져 낮잠 자는 수컷 사자처럼.

그는 거의 면접 내내 비스듬히 몸을 비틀고 의자에 잔뜩 기대고 앉아 있었다. 그러면서 한 손으로는 빳빳한 이력서를 얼굴 가까이 치켜든 채 소리 내어 읽었고 다른 한 손으로는 맨발을 만지작거렸다. 드라마에서나 봤던 재벌 경영인이 서류를 검토하는 태도는 약과였다. 애당초 지원자 면접 같은 일정은 평소엔 조금도 신경 쓰지 않다가 직원이 청하면 그때그때 진행하는 티가 확연했다. 이력서도 방금에서야 출력해 주어 처음 보기 시작한 게 분명했다. 이력서를 읽는 그 표정과 말투가 어찌나 시큰둥했던지 마치 판촉하러 온 영업 판매원으로부터 억지로 건네받은 카탈로그라도 보는 듯했다. 나는 내가 예고도 없이 불쑥 찾아와 자기 이력서를 한 번만 봐 달라고 애원이라도 하는 처지에 있는 듯한 기분이 들었다.

기름기가 가득 낀 건 그의 뱃살만이 아니었다. 그는 혼잣말하듯 간단한 질문을 할 때면 굳이 이력서에서 얼굴을 떼지도 않았다. 눈을 마주칠 때는 이따금 그의 예상보다 답변이 길어진다고 느낄 때였다. 그럴 땐 이력서를 쥔 손만 그대로 책상 위로 내리면서 나를 쳐다봤는데, 머리까지 의자에 전부 기대어 턱이 들린 탓에 한껏 아래를 내려다보는 시선이 됐다. 그 상태로 태평하게 이것저것 묻는 걸로 보아 그는 그런 자세가 아주 자연스럽고 익숙한 듯했다. 어떤 문제의식도 느끼지 않는단 게 확실했다.

초반 질문들은 주로 스타트업 S사에 관한 것들이었는데 전문성이나 어느 정도의 배경지식으로부터 나오는 물음이 아니었다. 그래서인지 1차 답변 이후에는 그와 관련된 2차, 3차 질문이 없어 내용이 더 깊어지거나 파생되지 않았다. 그렇게 한동안 분절되는 대화가 이어졌다.

"직장이 학교보다 늦게 끝나니까 애를 키우는 직장인 엄마들이 육아를 제대로 할 수 없어요. 그래서 애를 안 낳으려고 해요. 이 문제를 어떻게 해결하면 좋을까요?" A가 뜬금없이 물었다. 그들의 본업인 카운슬링을 주 업무로 한다면 자주 들을 법한 주제였지만 내 지원 직무와의 연관성은 상당히 취약하고 모호한 질문이었다.

"그런 건 정부가 해결해야 하는 문제라고 생각합니다."

"정부가?"

"예, 그렇습니다."

"이미 ○○시까지 하는 교실이라든지 여러 보육 프로그램 등이 있어요. 그런데도 퇴근 시간은 더 늦고 또 막히는 퇴근길 시간도 있어서 애들을 신경 쓰기가 어려워요. 자, 이걸 어떻게 해결할 수 있을까요?" 첫 번째 대답은 틀렸으니 다시 한번 기회를 준다는 뉘앙스였다. 하지만 직무와 동떨어져 의중을 알 수 없는 질문을 할 경우, 지원자가 가능한 대답은 원론적인 수준에 그칠 수밖에 없었다.

"출산율도 중요하지만 그렇다고 모든 업계가 애 볼 시간을 다 마련해줄 수도 없고, 반대로 출산율 낮은 문제가 꼭 직장 생활과 직접 관련 있다고 할 수 있는지도 모르겠는데요. 질문하신 게 출산율 문제인지 방과 후 돌봄 문제인지 정확히 모르겠지만 뭐가 됐든 정부가 교사를 확충한다든지 해서 좋은 보육 환경과 시스템으로 보조하는 역할을 더 적극적으로 하는 게 필요하다고 생각합니다."

나는 답변을 하면서도 답답한 마음이 풀리지 않았고 이번에도 A가 원하는 답변이 아닐 확률이 높다는 점은 못내 아쉬웠다. 하지만 적어도 진솔한 견해를 밝혔다는 점, 그리고 그것이 전혀 얼토당토않지는 않다는 생각 덕분에 후련하기도 했다. 어차피 그가 듣고 싶은 답을 억지로 지어내어 점수를 딸 만큼 이곳에 몸담고 싶다는 열망이 있진 않았다.

"정부가 나서야 한다?" 그는 한쪽 눈을 살짝 치켜뜨며 물었다. 정녕 그것을 네 대답으로 할 거냐는 듯이.

"네."

그것이 그날 그나마 가장 길었던 핑퐁이었고 이후 질문은 서서히 줄어들었다. A는 내가 인사를 하고 나갈 때까지도 앉은 자리에서 꼼짝하지 않았다. 사실상 면접보다는 알현에 가까운 시간이었다.

그는 자신만의 거대한 왕국에 군림하는 작은 지배자로 그 지위에 흠뻑 빠져 사는 사람이었다. 수년이 지난 지금 이 업체는 사무실을 옮겨 위치가 바뀌었다. 하지만 변하지 않은 것도 있다. 공식 블로그에 들어가 보면 근래에도 A를 '대빵' 등의 말로 지칭하고 있음을 확인할 수 있다. 제왕적인 사고방식이 여전히 사업 이곳저곳에 깊숙이 배어있는 것이다. 그날 나의 통찰이 분명 틀리지 않았음이라.

　서문에서 말했듯이 요즘에는 회사의 조직 규모가 작은 관계로 대표—또는 그 외 C 라인들—가 직접 면접관으로 나오는 경우가 허다하다. 그러니 지원자로서는 사람을, 특히 리더를 파악할 줄 아는 힘이 필요하다. 취직이란 곧 나와 자신의 생활을 이 리더에게 맡기고 의지하겠다는 의미이고, 그 조직은 취침 8시간을 제외한 하루의 절반을 보내는 내 삶의 터전과 같은 곳이다. 통신사 변경하듯 '별로면 나중에 옮기면 되지'와 같은 생각이 우선시되면 곤란하다. 그러므로 설령 시간이 좀 더 걸릴지라도 우수한 리더가 있는 곳을 찾아내야 한다. 그 외 조직 규모와 매출, 투자유치 액수 등은 전부 부차적인 것들이다.

　중요한 건 '인간'이고, 좋은 리더 곁에는 좋은 사람들이 있다. 그러니 만약 면접장에 대표가 나오지 않은 경우라면 꼭 면접관들에게 대표는 어떤 분인지 질문으로 구해라. 회사는 곧 대표고 대표가 곧 회사이니 응당 그들의 웹사이트/회사소개서/채용 공고 등에 비전·미션을 명시해 둔 것처럼 명확하고 일목요연한 답변이 나와야 한다(꼭 구체적이고 길지 않아도 된다). 만약 직원들이 자신들의 대표라는 인물의 형상에 대해 추상적·피상적인 서술밖에 하지 못한다면, 그 회사 역시 추상적·피상적이고 미래가 불분명하다는 뜻이다.

　삶에서도 면접에서도 통찰력이 있어야 한다. 앞서 본 회사처럼 겉으로도 다 드러나는 회사일 경우에는 쉽게 판단할 수 있지만 그보다 한 단계라도 나은 회사는 어느 정도 감추고 꾸밀 줄 안다. 면접장은 서로가 서로를 보는 장소이고, 또 그래야만 한다. 회사만 일방적으로 볼 줄 안다면 구직자는 후에 큰 마이너스를 떠안을 수 있다. 심지어 회사가 오판한 경우라면 억울하기까지 할 것이다.

상대가 '회사'라고 해서 자신의 모든 걸 무조건 확실히 꿰뚫어 볼 것이라고 오인하지 말아야 한다. 오히려 그 반대에 가깝다. 면접관이 HR 사람이어도 마찬가지다. 만약 HR 인사가 면접을 진행할 정도라면 그건 그 회사 규모가 꽤 된다는 얘기고, 이미 회사가 원하는 인재상 또한 상당 부분 고착화하고 있다는—혹은 이미 완성되었다는—뜻이다. 그렇다면 HR은 그저 회사의 입맛에 따라 매뉴얼대로 체크만 할 뿐이지 꼭 지원자 자체를 잘 본다고 할 수는 없다. 대여 정수기 정기 점검 직원이 점검표에 따라 정수기 상태를 확인하지만 정작 물맛에 대한 감별은 못 하는 것처럼.

그러니까 나라도(나도) 확실히 봐야 한다. 거절당했더라도 필요한 경우라면 '어차피 여긴 아니었어'라고 생각하는 게 정당할 수 있도록. 취직이라는 여정이 짧을지 길지는 아무도 알지 못한다. 그렇다면 일단 갈 길이 멀다는 태세를 취하는 것이 옳다. 그리고 그 길에선 정말 수많은 일들이 생긴다. 운이 나빴을 땐 운이 나빴다고, 내 탓이 아닌 건 아니라고 직접 판단하고 떨쳐낼 줄 알아야 한다. 그렇게 피해량을 줄여야만 계속 전진할 수 있다.

[여섯 길 깊은 물 속]

    Q사는 어느 인테리어 전문 기업의 출자로 설립된—면접 당시 나는 그렇게 설명 들었다—스타트업으로, 아마 처음에는 CIC(사내벤처) 개념으로 기획되어 출범하지 않았나 추측한다. 내가 이곳에 지원한 건 3차 구직 시기로, 당시 이들은 인테리어 시공 중개 플랫폼 서비스를 운영하고 있었고 내가 지원한 직무는 콘텐츠 관련이었다.

    평소 나는 최소 면접 40분 전에는 미리 도착해 차 안이나 회사 근처 카페에서 대기한다. 여유롭게 얼굴 근육도 풀고 표정·의상 등을 가다듬으며 마지막으로 이미지 트레이닝과 시뮬레이션을 하기 위해서다. 이때 예상한 몇 가지 상황들에 대비한 맞춤형 멘트와 악센트, 적절한 보디랭귀지 등을 최종 점검하며 집중력과 긴장도를 알맞게 조절한다. 운동선수들처럼 나만의 루틴을 실행하는 것이다.

이때 가장 중요하게 여기는 부분은 필요하다고 판단되는 대기 시간의 철저한 확보다. 예상되는 면접 난도와 그에 좌우되는 자신감, 지리적 환경의 익숙함 등에 따라 20분이든 30분이든 약간의 변동이야 괜찮다. 하지만 절대 해당 지역 도착과 동시에 회사 건물로 직행하는 식의 이동 계획을 짜고 움직이지는 않는다. 설령 그 입장 시각이 약속 5~10분 전이라 책잡힐 일이 없더라도 말이다. 개인적 경험상으로는 그랬을 경우의 두뇌 활동을 비롯한 신체 상태가 면접에 요구되는 진정과 몰입에 전혀 도움 되지 않았다.

의상은 양복을 기본으로 하되, 지원한 회사의 업력/업종/진행 중인 브랜딩 및 컬러 마케팅/지원 직무/회사 분위기/사무실 위치와 주변 환경/당일 날씨 등을 종합적으로 고려하여 가장 적합·적절하고 효과적일 수 있는 격식(포멀/세미/캐주얼)과 색상을 정한다.

면접은 그렇게나 공을 들여야 한다. 합격을 위해서가 아니다. 애써 고이 접은 '결과에 대한 기대'와 치환하기 위해, 그리고 무엇보다 탈락의 후과가 미치는 영향을 예방하기 위해서다. 우리는 기대치 않은 결과만으로도 좌절감과 상실감 등을 느끼며 쉽게 심란해진다. 하물며 명백히 자신으로부터 비롯된 잘못까지 있었을 경우라면 자책감마저 떠안게 된다. 보통은 그 자책감의 크기가 다른 부정적 감정들의 합을 훨씬 압도하고, 그 감정적 충격이 유독 심할 경우 다음날 혹은 가까운 시일에 있을 수 있는 또 다른 면접까지 영향을 받을 수 있다. 취직은 장기전이다. 공격적인 이득보다는 자신의 정신적 손해를 최소화하는 전략이 필요하다.

사회적 영역에서 자책하지 않고 자신감을 유지하려면 늘 떳떳하도록 미리 스스로 주의를 기울이는 방법뿐이다. 뭔가가 잘못됐을 때 그 상황과 원인에 내 책임이 포함되지 않도록 만전을 기하고, 그 유책 사유가 어느 곳에 있는지를 분간할 줄도 알아야 한다. 그래야 실수와 실패의 여파를 그나마 최소화할 수 있다.

취업 활동 역시 백번 마찬가지다. 잘못하고도 후안무치하거나 괜스레 과시하라는 의미가 절대 아니다. 자업자득하는 꼴의 우매한 짓만큼은 피해서 탈락이 내 탓일 확률을 최대한 낮춰야 한다는 뜻이다. 그래서 나로부터 기인할 수 있는 감점 요인을 사전에 철두철미하게 제거한 상태로 면접관들에게 선보이는 것이다.

제 허물을 인정하기 싫어서 자기기만까지 서슴지 않는 게 인간이다. 게다가 본격적으로 취업을 준비하는 20대 정도의 연령대면 정체성이 완전히 굳어지기 거의 직전인데, 한 면접을 통해 드러난 자신의 부족한 면을 곧바로 스스로 파악·분석해서 교정 및 개선하기란 실로 어렵다. 이 세상에 '늦은 나이'란 건 없지만 늦을수록 뭐든 힘들어지는 것 또한 사실이다.

사전 준비와 주의에 그렇게나 힘 쏟는 건 틀림없이 대단히 피로한 일이다. 그리고 부족함이 많을수록 피로도는 더욱 심해질 수밖에 없다. 그래도 성장의 가능성을 믿고 정진해야 한다. "사람은 바뀌지 않는다"라는 말에서의 '사람'은 너무나 세속적이어서 개선이 어려운 부류를 뜻하는 것이지 '모든 인간'을 가리키는 것이 아니다. 정상적인 인간은 존속의 욕구와 의지를 품고 있고, 그 사실은 진실로 후회하고 뉘우치는 고통 속에서 몸부림치는 형태로 실현된다. 비록 그 과정이 더딜지라도 확실하게만 환골탈태한다면 분명 옳고 더 나은 방향으로 거듭날 수 있다. 쉽게 흠잡기 어렵고 삶에 대한 건설적 의욕이 충만한 사람이 되는 것이다. 우리는 응당 그런 사람이 되어야 한다. 그것이 곧 구직자(현대인)의 경쟁력이므로.

취직 활동은 사회(세상)의 축소판이고 이 사회의 또 다른 이름은 곧 '경쟁'이다. 출발점은 각기 달라도 종착지는 단 한 곳뿐인 구조라 경쟁은 필연적으로 발생한다. 그래서 그 과정 중 출중한 사람은 정말 드물고, 상상 이하인 사람은 의외로 많다는 게 드러난다. 이는 어느 집단이든 똑같다. 부모도 교육자도 정치인도 종교인도 찬찬히 살펴보면 모두가 결함투성이다. 단지 그들 존재의 목적과 가치가 워낙 숭고하고 위대하기에 인간적인 흠은 한없이 무의미해지고 상쇄될 뿐이다.

그런데 유독 회사라는 집단만 예외일 수는 없다. 이곳도 마찬가지로 대표부터 막내 직원까지 전부 결점이 즐비한 데다가 낭중지추인 인물은 손을 꼽는다. 게다가 가정·학교·정치·종교 집단과 같이 인류 태초부터 지금까지 수천 년을 관통하며 전해지는 가치를 품거나 의제를 다루는 곳도 아니기 때문에 그들처럼 유야무야 보정되지도 않는다. 그런 사람들이 그들의 수준으로 당신을 판단하고 채점해서 떨어뜨리는 것을 상상해 보라. 만약 거기에 내 노력과 준비 부족 탓이 포함되어 있거나, 또는 문제의식을 갖추지 못한 바람에 그들의 부족함을 부족함으로 규정하지 못하고 그냥 넘어간다면 참으로 억울한 일이다.

그들이 지금 그 자리에 있는 것은 단지 선행주자였고 운이 따른 덕일 뿐, 노력의 정도는 피차 똑같다(오히려 후발주자일수록 더 큰 노력이 필요하다). 단지 무언가를 먼저 차지하고 있다는 이유만으로 누군가가 당신을 그들만의 시야 속으로 축소하고 한정하는 걸 미처 알아차리지 못하거나 아무렇지 않게 느껴선 안 된다. 그것이 바로 경쟁력이 비단 다른 지원자들 간의 다툼에서 앞서기 위한 용도가 아닌 이유이며, 완벽의 추구가 가치 있는 이유다.

물론 완벽한 인간 따위 존재하지 않는다. 인간은 결코 근본적으로 완벽해질 수 없다. 하지만 그 얘기가 결함의 당위와 결부되지는 않는다. 즉 완벽할 수 없음에도 정상적이어야 하는 건 당연하니 결국은 비정상적인 부분이 얼마나 많고 심각한지가 요점이다. 그래서 궁극적으로 완벽해질 수 없음을 깨닫고 위해 · 저해 요소를 줄이려는 마음을 갖는 것이야말로 완벽의 정점이라 할 수 있다. 비록 '근본적 완벽'은 불가능하나, 상식적 · 합리적이고 부족한 점이 적을수록 '실질적 완벽'에는 가까워지는 것이다.

그러니 그런 시도와 실행이 곧 겸손의 시작이자 상대방(회사와 면접관)을 위한 예의다. 물론 나는 지원자로서의 경험이 훨씬 많지만 반대로 면접관으로서도 꽤 많은 지원자를 대면해 봤다. 그중에는 면접자로서의 예의를 전혀 모르거나 준비가 덜 된 사람이 예상외로 너무나 많았다. 그래서 정상적이고 건강한 조직은 분명 그렇게나 애쓴 티가 나는 면접자를 고맙고 대견하게 생각하지 않을 수 없다. 하지만 내가 만난 Q사는 그렇지 않았다.

그날도 나는 근처 빵집에서 한동안 대기하다 면접 시간에 맞춰 Q사로 갔다. HR 직원에게 처음 안내받은 곳은 사무실 왼편 끝에 있는 협소한 공간이었다. 작은 테이블과 의자 4개, 그리고 한쪽 벽면엔 상자 몇 개가 너저분하게 쌓여있어 회의실보다는 차라리 창고라 하는 편이 어울렸다. 몇 분 뒤 기다렸던 면접관 대신 조금 전 HR 직원이 다시 들어왔다. 그러더니 면접은 다른 회의실에서 진행된다며 이번엔 다시 오른편 끝으로 안내했다.

새로 들어간 곳은 훨씬 넓고 제대로 된 회의실로 면접관 4명이 일렬로 앉아 있었다. 면접관 A, B 두 명은 40대 초반에서 중반, C는 30대 중반에서 후반, 나머지 D가 나와 비슷한 30대 초반 또는 중반으로 가장 젊어 보였고 전부 남성이었다. 머릿속에선 곧바로 그간 준비한 것들을 현장 조건에 대입해 보며 긍정적 요소를 포착하기 시작했다. 구동은 원활했고 일대다 형식의 여러 이점도 떠올랐다. 수없이 반복한 이미지 트레이닝의 효과였다. 덕분에 난생처음 온 장소임에도 불구하고 홈그라운드인 면접관들에 못지않을 만큼 심리적으로도 안정적이었다. 심지어 그들의 모기업 분위기에 맞춘 포멀한 정장 차림까지도 클래식한 일대다 면접 분위기와 다행히 맞아떨어지면서 기분을 북돋는 데 작게나마 도움이 됐다. 마음속에서는 좋은 질문이 오기만 하면 된다는 기대가 커지고 있었다. 여러모로 괜찮은 흐름이었다.

"어유, 저희는 사실 이력서 봤을 때 선글라스 끼고 올 줄 알았어요. 허허…" 자리에 앉고 얼마 되지 않았을 때 A가 눈도 마주치지 못하고 어색한 웃음소리를 내며 말했다. 꼭 수줍음 많은 시골 노총각이 선보러 나와 떠오르는 대로 내뱉는 모습이었다. 분명 인사치레이긴 했으나 그것이 부족한 말주변으로 인한 큰 실례였다는 걸 본인은 전혀 알지 못하는 듯했다. 반대로 나에겐 그가 날 어떻게 생각했는지 눈치챈 단서였다. 그것이 평소라면 작은 행운이었을 테지만 이번엔 엄청난 불행이었다. 면접관이 대단한 착오를 가졌다는 극심한 문제에 초장부터 봉착한 것이다.

생각지도 못한 시작이었다. 단 한 번도 들어본 적 없는 어처구니없는 말에 지금까지의 모든 구상이 1분 만에 와르르 무너졌다. 그 붕괴 압력으로 후두골에 금이 가는 것 같았다. 단순 우스갯소리일 수도 있었으나 약간은 순진하다고 느껴질 정도로 나이에 맞지 않는 어설픔으로 보아 그 반대일 확률이 훨씬 크다고 느껴졌다. 미성숙할수록 무엇이든 피상적으로 바라보면서 제멋대로 해석할 가능성이 농후하다. 그것은 이력서를 포함해 어떤 종류의 문서든지 마찬가지였다.

당시 내 이력서는 크게 5가지 부분으로 구성되어 있었다.

- 이력서 (학력 사항/경력 사항/능력 사항/병역 사항/우대 사항)
- 주요 경력 기술서 (각 경력에서의 담당 역할과 상세 업무)
- 주요 활동 소개서 (인턴/대회 및 공연/수상 및 수료 등 경력 외적 활동)
- 자기소개서
- 포트폴리오

나는 어려서부터 음악과 가까웠다. 20대에는 록밴드 활동에 심취해 있었고 유명 기업·관공서·학교 등이 주최한 다수의 유료 초청 행사와 밴드가 직접 주최한 소규모 콘서트 등에서 여러 차례 공연했다. 덕분에 음악을 포함한 대중문화 다방면에 깊은 암묵지를 갖고 있고, 그것들이 전부 뼈와 살이 되어 스타트업 S사 시절 자사 브랜디드 콘텐츠를 직접 제작할 수 있었다.

이후 J사에서 CP(Chief Producer)로서 다양한 포맷의 레귤러와 각종 파일럿 방송 콘텐츠 기획·제작·연출·송출을 총괄한 것 또한 같은 바탕에서 비롯된 것이다. 경력 기술서와 활동 소개서 그리고 포트폴리오에는 그런 개연성을 확인할 수 있는 모든 정보가 연도별로 상세히 기재되어 있다.

콘텐츠 관련 직무를 채용하는 회사라면 지원자를 파악하기에 그 이상으로 유용할 수 없을 만큼 직접적·핵심적인 자료이다. 그러나 놀랍게도 A는 그 기록을 보고 아주 저렴한 형상으로 이해했다. 단순히 낯선 영역에 대한 인지 결여 때문이라 하기에는 과히 지나친 시대착오적 발상이었다.

그렇게 거만하고 왜곡된 인식을 완벽히 깨뜨려 국면을 전환할 수 있을 거라 확신하긴 어려웠지만, 당장 면접장을 박차고 나갈 게 아니라면 어쨌든 남은 길은 유일했다. 그것과는 완벽히 대비되는 철저한 자세로써 모든 질문에 혼신으로 답변하는 것. 단 몇 프로라도 아직 남아있을 가능성에 면접이 종료될 때까지 숨을 붙여줄 방법은 그뿐이었다. 그러다 보니 정장을 차려입은 것은 이제 단순히 좋은 기분을 내는 데 미약하게나마 일조한다는 처음 생각을 훨씬 뛰어넘어 이 '면접 생명'의 유일한 동아줄처럼 느껴지기 시작했다.

이후 본격적인 면접은 A와 B가 주도했다. 질문량은 둘이 비슷했는데 직무와 관련된 질문은 거의 없었다. 되려 "왜 지원했는가?"와 같이 식상한 질문부터 시작해서 의미를 알 수 없는 불명확한 것들이 대부분이었다. 그들보다는 오히려 C의 질문들이 훨씬 실무적·건설적이었다. 하지만 아쉽게도 기껏 3~4개 정도가 전부였고 가장 젊은 D는 존재감이 미미했다. 질문의 양과 질에 따라 그들 내부 구조 및 분위기가 어떤지 충분히 짐작할 수 있었다.

"인테리어 쪽 관련 일은 안 해보셨는데 관심은 좀 있으세요?" 면접이 어느 정도 진행되었을 때 B가 물었다. 물론 공고에 관련 직종 경험자만 채용한다는 내용은 일절 명시되어 있지 않았다.

"물론입니다. 인테리어 전문 웹매거진도 꾸준히 봐왔고 관련 캐스트도 많이 봅니다."

"그래요? 근데 이력을 쭉 봤을 때는… 그렇게 관심이 있다고 느껴지지는 않는데." B는 그다지 신뢰하기 어렵다는 듯 서류를 내려다봤다. 약간 퉁명스럽고 냉소적이었다.

"꼭 그렇지는 않습니다. 아무래도 스타트업 때문에 디자인 공부를 많이 해야 했는데, 그러면서 자연스럽게 실내 디자인 영역까지 관심사가 확장됐고요. 지금은 오브제Objet 제작이라든지, 재래식 한지를 활용한 벽지라든지, 맹장지에 도료를 섞어 발라서 광량에 따라 다른 느낌이 나게 한다든지 하는 기법들까지 알게 됐습니다. 조예가 깊다고 할 순 없지만 그렇다고 아예 무지하거나 무관심한 수준은 아닙니다."

"뭐, 그래요." 대답을 듣고도 B는 여전히 시큰둥했다. 특별한 반응이 없는 건 C와 D도 마찬가지였지만 그 둘이야 직급이 낮으니 그럴 만했다. A만이 내 설명을 듣는 동안 억지스러운 웃음과 함께 짧은 의성어를 냈다. 동조해 주는 의미의 상호 작용적 표현이었지만 그마저도 유려하지 못해서 그 이해와는 무관하게 치레로 호응하는 티가 났다. 그러고서 그는 서둘러 다음 질문을 하러 서류를 넘기기 시작했다.

많은 회사가 면접 시 그들 사업 분야의 배경이 되는 핵심 테마에 대한 관심도를 확인한다. 물론 구성원이 그 테마에 관심이 있어야 하는 건 옳지만 대단히 깊다 해서 더 나은 것도 없다. Q사처럼 인테리어 시공 업체와 고객을 연결해 주는 플랫폼 사업이라면 그 본질은 중개와 모바일 서비스지, '인테리어' 그 자체가 아니기 때문이다. 그렇듯 기획자든 마케터든 결국 그 직무의 전문성이 알파이자 오메가다. 그 외 나머지는 전부 지엽적인 것들이다. 만약 어떤 회사든 테마에 대한 깊은 애정을 그토록 진정으로 중요하게 여긴다면 B2B의 앞 B(서비스 운영사)가 아니라 뒤 B에 해당하는 사업체(서비스 입점사)가 되는 것이 옳다.

하지만 면접관 B는 아직도 자신들의 정체성을 인테리어 회사인 그들의 모기업으로 착각하는 듯했고, 그 발로가 가장 우선시해야 할 역량 파악에는 일말의 도움도 되지 않는—또는 특별히 질문할 게 없을 때나 의도적으로 던지는—질문이었다.

면접관으로서의 미숙함과 면접 준비 부실이 여실히 드러나는 기초적 실수였지만 아직 신생 회사인만큼 그 정도는 이해하고 넘어갈 수 있었다. 그런데 A가 이력서를 넘기기 시작한 찰나, B가 팔짱 낀 두 팔로 책상을 기대며 상체를 앞쪽으로 한껏 숙였다. 마치 희귀한 생물이라도 보는 표정이었다.

"근데 원래 평소에도 그렇게 양복을 입고 다니세요?" 정장을 입은 게 너무나 희한해서 꼭 묻지 않고는 도저히 견디지 못하겠다는 투였다. 직전까지 봐온 모습 가운데 그나마 가장 적극적인 태도였지만 질문 자체는 참으로 황당무계했다. 그나마 다행으로 여겨서 어떻게든 붙잡고 기어오르던 구명줄마저 마침내 끊어지는 순간이었다. 그리고 추락하며 스친 생각은 조금 전 인테리어에 관한 관심을 묻던 질문이 그나마 양반이었다는 것이었다. 금 가있던 후두골은 결국 2차 충격으로 조각조각 터졌다. 그러면서 이날을 위해 쏟아부은 시간과 현장에서의 다짐이 순식간에 빠져나와 증발해 버렸다.

이력서를 뒤적거리던 A는 B의 기상천외한 질문을 듣자 후다닥 고개를 들더니 그래도 일단은 대답을 들으려는 듯 잠자코 상황을 지켜봤다. C와 D는 아무 표정 변화가 없었다. 그 둘은 그 나잇대 직장인들에게서 흔히 볼 수 있는 평범한 캐주얼 차림이었다. 반면 A와 B는 목깃이 있는 골프웨어 느낌의 후줄근한 반소매 티셔츠를 입고 있었다.

"아뇨, 당연히 평소에는 입지 않습니다. 그래도 오늘만큼 **공적으로 중요한 자리**가 있을 땐 입죠." 기가 찰 노릇이었다. 좋은 모습을 보이려 예와 격을 차리는 걸 도리어 괴짜로 보는 상반된 문화의 타 행성에 와 있는 것 같았다.

면접은 일 년에 수천만 원어치 비용을 이 사람에게 투입할지 말지 심사숙고하는 자리다. 우리 팀과 우리 사업의 성공에 한 역할을 할 수 있을지 없을지를 판가름해야 한다. 그와 동시에 우리 회사가 얼마나 괜찮은 곳인지를 실제 공간과 면접관을 통해 보여줘야 하고 또 지원자가 그에 어울리는 자질을 충분히 갖추었는지도 확인하는 시간이다. 양측 모두에게서 진중함과 진정성이 묻어나와야 한다.

그런데 요즘은 유독 한쪽만 그러하거나 양쪽 모두 그러지 않는 경우가 많다. 대부분의 일을 컴퓨터가 처리하고 매출도 주로 온라인과 앱 등의 비대면 사업을 통해 발생하는 것이 근본적 원인이다. 특정 직군을 제외하고는 외부와의 공적 접촉이 많이 발생하지 않게 되는 것이다(심지어 하루 중 동료들끼리보다도 모니터와 마주하는 시간이 훨씬 길다).

결국, 자연히 긴장감도 떨어지고 물이 고이면서 정신상태가 사실상 '해이' 단계에 이르게 된다. 하지만 재정 상태가 늘 그와 발맞추는 건 또 아니므로 경영진이 문제를 감지하고 칼을 대기도, 구성원들끼리 자정하길 기대하기도 쉽지 않다. 이직률 · 사직률이 높은 원인을 비단 젊은 세대의 특성 때문만으로 볼 수 없는 것이다. 따라서 직원들의 '오래 있을 곳이 못 된다' 라는 판단은 단순 개인적 의견이나 핑계가 아니라 **객관적 사실**에 기반을 두는 경우가 많다. 내게는 B의 질문이 정확히 그러했다. 사실이 극명할수록 직감이 빗나가기는 어려운 법이다.

"허허… 아, 우리는 진짜 뭐 선글라스라도 쓰고 올 줄 알았다니까요." A 는 계속 면접 분위기를 이어가려 했으나 그마저도 엉망이었다. 그제야 나는 그것이 그의 진짜 속마음이란 걸 확실히 알았다. 흔히 고위직들—혹은 그렇다고 착각하는 자들—이 하위직의 생리 또는 애로사항 등을 이해하지 못하고 혼자서나 할 법한 생각—주로 망상—을 아무 제약 없이 툭툭 내뱉 는 습관에서 비롯된 행동의 전형이었다.

그 모습은 마리 앙투아네트를 연상케 했다. 비록 실제로는 그녀가 그 유명한 말을 하지 않았지만 시건방진 왕족들이 서민 생활을 잘 알지 못했던 까닭에 그녀에게 뒤집어씌운 프레임이 너무나 그럴듯했고, 그런 나머지 와전된 야사가 계속 구전될 수 있었다.

하지만 A에게는 굳이 의도적으로 넘겨씌울 필요도 없었다. 어리석게도 그는 이력 중 티끌만큼도 문제 되지 않는—오히려 채용 직무 역량 건설의 오랜 기초 역할을 한—일부분만을 보고선 대면하기도 전부터 멋대로 임의 추측했다. 심지어 그것도 그들 세대에서나 한창 통용됐던 '딴따라' 정도의 개념이었고, 그런 식으로 지원자를 업신여겼음을 스스로 실토하고 있었다. 처음 그가 얼핏 시골 노총각처럼 느껴졌던 건 단지 아직 직급 관계로 엮이 지 않은 외부인이라 거리를 두었기 때문이었다.

말씨가 없는 것, 그리고 그것이 무신경해질 정도로 무례한 것 모두 문제다. 그래도 한 번쯤은 별 뜻 없는 농담 또는 귀여운 말실수 정도로 간주하고 넘어갈 수 있다. 하지만 똑같은 말이 두 번 이상 반복되면 더 이상 농이 아니다. 그것은 **모독**이다.

그런데도 나는 분위기에 맞추려 억지로 희미한 미소만 짧게 지었다 말았다. 그게 나의 최선이었다. 무언가를 바꿔본다든지, 아니면 그와 비슷하게 할 수 있는 일은 없었다. 그들은 개선되기엔 너무 늦은 자들이었고 나 역시도 당사에 지원한 결정을 돌이키기란 불가능했다. 누구의 탓도 아니었다. 내부 구성원을 파악할 수 없으면서도 일단은 서류를 넣고 봐야 하는 불합리한 자연적 구조에 뛰어든 건 다름 아닌 구직자 나 자신이다. 그리고 그 속에서는 그만큼 무력해지는 것이 섭리이다.

모든 황당함이 끝나고 돌아가는 허망한 길에서 나는 개인적 아쉬움보단 근본적인 궁금증을 놓을 수 없었다. 이들은 서류전형을 통과시킨 HR의 결정과 그 의견에 대해선 어떤 고찰과 반영도 없이, 마치 그들과는 전혀 무관한 별개의 독립 부서처럼 배치된 시각을 가진 채 면접을 진행했다. 그렇다면 HR의 목적과 존재 가치는 대체 무엇이며 그런 회사의 조직적 밀도는 목표로 하는 성장 동력을 내기에 과연 충분할 것인가.

이들은 오랫동안 인테리어 사업을 해왔고 또 새로이 시작한 플랫폼 사업마저도 인테리어와 관련된 서비스다. 그토록 인테리어에 집착한 나머지 채용 직무 관련 질문 대신 인테리어 관심도나 물어보는 회사가 정작 서류와 몸체 상면에 드러나는 익스테리어에만 치중하는 건 참으로 우습다. 그런데 그마저도 엉터리로 판단한다면 소비자나 구직자로서, 또는 직원이 된다 한들 과연 그들의 사업적 비전과 판단을 전적으로 신뢰할 수 있을까.

현장에서 힘들게 가라앉혔던 황당함이 금세 되살아나 요동치기 시작했다.

[Hallowed Be Thy Name]

2차 구직 시기를 거쳐 취직한 외국계 ICT 기업 J사에서 나는 두 가지 직무를 맡았다. 하나는 BD(Business Development, 사업개발) 팀장, 다른 하나는 콘텐츠 기획부의 CP(Chief Producer)역이었다.

이 회사는 2018년 6월 시리즈 D 규모 투자유치를 이미 몇 차례나 완료한 곳으로, 당사의 모바일 서비스 중 하나를 2017년 하반기 한국에서 출시해 운영 중이었다. 하지만 사업 개시 후 1년 정도 지난 시점에는 이미 수개월간 월매출이 ○○억 선에서 정체 중이었고, 그것은 해당 서비스가 진출해 있는 모든 지사 가운데 중간밖에 안 되는 성적이었다. 숏폼 동영상 공유로 유명한 B사의 T 서비스보다 글로벌 통합 매출이 높은 입장에서 이는 선뜻 수긍하기도 이해하기도 어려운 수치였다. 이에는 몇 가지 확실한 원인이 있었지만 그중 가장 큰 장애물은 바로 로컬라이제이션, 즉 '사업의 현지화'라는 벽이었다.

본래 내가 지원한 직무는 콘텐츠 기획자였고 오픈된 포지션도 그것 하나뿐이었다. 그런데 J사는 면접 도중 내게 한 가지를 제안했다. 메인 포지션을 사업개발로 변경하고 그 대신 콘텐츠 CP역을 겸하며 콘텐츠 퀄리티를 전반적으로 감독해달라는 것이었다. 창업했던 스타트업 S사에서 내가 서비스나 콘텐츠 기획뿐만 아니라 프로젝트 리드(PL)나 프로젝트 매니저(PM), 어카운트 매니저(AM)로서 국내 B2B, B2C 사업을 주관했기 때문에, 나를 자사 한국 사업의 취약한 부분을 채워줄 적임자로 판단한 것이다.

면접 중의 예상치 못한 변화가 약간은 당황스러웠으나 나쁠 건 없었다. 책임이 늘지만 나는 그것을 즐기는 사람이고, 논리적 영역과 창의적 영역 중 하나의 역량을 놀리지 않아도 되는 점은 내겐 뜻하지 않은 선물과 같았다. 이후 나는 본사 HR과의 2차 면접, 그리고 본사의 중역 M과의 3차 면접을 거쳐 최종 합격 통보를 받았다.

M은 해당 서비스 사업의 주력 지사 중 하나인 MENA(중동·북아프리카 지역) HQ의 헤드임과 동시에 모든 각국 지사를 총괄하는 유능한 인물로, 미국에서 오래 수학했고 다른 지사장들을 여럿 육성해 내는 등 C 라인 바로 아래 위치에 있으면서 수많은 직원의 신망을 한 몸에 받는 엘리트이자 지성인이었다(훗날 본사에서 그를 직접 대면했을 때 나 역시 그가 훌륭한 인품과 프로의식을 갖춘 리더임을 느꼈다).

J사는 좋은 조건으로 나를 채용하며 우대했고 한국 지사장 T는 나에게 한국인 직원들의 관리를 분리해 맡겼다. M은 한국 지사의 전원회의 때 나를 콕 집으며 내가 한국 사업을 리드해야 한다고 힘을 실어줬다.

조직에서 신임받는다는 것은 큰 기쁨이자 막중한 책임이고, 동시에 지치지 않도록 대단한 원동력이 되어준다. J사 재직 기간 동안 스스로 자부하는 것이 부끄럽지 않을 만큼 열성적으로 일한 것도, KPI/ROI/OKR 등 확실히 드러나는 여러 핵심 수치의 볼륨을 키운 것도 따지고 보면 다 그 에너지가 자양분이었다 해도 과언이 아니다.

거기에 함께 발맞춰 준 좋은 동료의 존재는 그 모든 성장과 성과의 촉진제이자 개화의 핵심이었다. 특히 같은 사업개발부 소속이던 K와는 항상 함께 고민하며 사안을 논했고, 필요할 땐 무식해 보일 정도로 우직하게 임했던 고된 시기에도 주저 없이 동참해 주었다. 그렇게 큰 열의와 책임감을 안고 임하는 모습에 타 부서 직원들도 나를 전적으로 신뢰했으며 여러 방면의 협력과 함께 리더십에 승선해 주었다.

덕분에 그리 길지 않은 기간 동안 매출과 직결된 주요 수치가 각각 500%, 366%씩 성장하면서 결국 월매출도 66% 상승했다. 우리는 좋은 팀이었고 부정할 수 없는 훌륭한 마일스톤을 달성했다. 더 오래 남아 일할 수 있었더라면 확신컨대 그 이상을 이룩할 수 있는 팀워크였다. J사를 떠나야 했던 상황에서 유일하게 아쉬웠던 건 쉽게 얻을 수 없는 바로 그 '협동력'이었다.

Z사와의 면접은 그런 아쉬움을 남기고 사직한 후 얼마 되지 않았을 때였다. 이곳은 모바일 기반 데이터를 활용한 특정 정보 제공 서비스를 운영 중인 신생 회사였는데, 면접 당시에는 모 투자재단이 제공하는 소규모 공유 오피스에 입주해 있었다.

면접 당일 면접관으로는 당사의 COO와 CSO 두 사람이 참석했다.

둘 다 남성으로 나이는 대략 30대 후반에서 40대 초반 정도였고, 이들 중 CSO는 안경을 쓰고 있었다.

면접은 작은 회의실에서 진행됐다. 성인 세 명이 들어가자 꽉 차게 느껴질 만큼 답답한 공간이었다. 반면 로비는 사실상 텅 비어있을 정도로 한산하고 널찍한 자리가 많았다. 그중에는 적당히 차폐되어 면접도 무리 없을 만한 좌석도 여럿 있었기에 기능성이 떨어지는 회의실을 굳이 사용하는 당위가 쉽게 이해되지 않았다. 하지만 그 심리나 속내가 어떻든 상관할 바 아니었다. 당장은 숨소리가 들릴 만큼 마주 앉은 간격이 좁으니 호흡부터 신경 써서 조절해야겠다는 생각이 우선이었다.

면접이 시작되자 COO는 우선 스타트업 S사에서 기획한 서비스들과 J사의 서비스에 대한 브리핑을 요구했다. 그다음엔 자연스럽게 이력과 직무에 관해 세세히 파고드는 질문들이 이어졌다. 특히 당사와 사업적 교점이 많은 S사 서비스와 관련된 내용이 한동안 계속됐다. 전문성을 확인하려는 목적의 질문들이라 상당히 날카로웠고, 덕분에 답변 역시 최대한 상세하게 할 수 있었다. 지원자와 면접관 모두에게 유용·유리한 흐름이었다. 쓸데없는 첨언이나 과장이 없도록 문서와 사실에 입각한 간결성 유지만 주의하면 되었다.

"…그러고 나서 이제 J사로 가셨군요."

"그렇습니다."

COO가 능숙하게 카테고리를 옮겼다. 그렇게 J사에 관한 얘기가 본격적으로 시작되려는 찰나, 고개를 살짝 숙여 이력서를 보고 있던 CSO가 그 자세로 입을 뗐다.

"제가 원래 **제일기획**에서 오래 있다가 지금 이 회사로 온 거거든요," 그는 말끝에 아주 미세한 뜸을 들이면서 눈을 치켜떴다.

"팀장 달기엔 너무 어린 거 알고 계시죠?" 그가 J사라는 기업에 대해, 또 그곳의 환경·업무·성과에 대해서도 전혀 아는 바 없다는 상황의 총체성이 곧 그 뜻을 명확히 밝히고 있었다. 그것은 '국내 유명 기업에서 그만큼 근무한 내 경우도 있는데 감히 네까짓 게?', '그 직책은 너한테 과분하다'라는 오만한 훈수였다.

CSO는 '그래도 면접은 면접이니 최소한 존대는 해주겠다'라는 식의 표정과 말투를 하고 있었다. 나는 아무 대답도 하지 않았다. 입도 뻥긋하지 않고 아무 표정 변화 없이 그를 바라봤다. 물론 공간이 좁은 터라 달리 시선을 둘 곳도 없었으나 애당초 피할 이유도 없었다. 그렇게 알아차리기 힘들 정도의 순간적인 침묵이 발생하면서 세 명 사이에 대화가 일시 정지되었다. 그러나 COO가 즉각 "J사에서 하신 일에 대해 구체적으로 설명해달라"라고 질문을 던져 면접이 속개되면서 공기가 얼어붙는 상황에 이르지는 않았다.

나는 곧바로 J사에서의 업무 내용을 이력서에 기재한 순서대로 차분히 풀어가며 설명했지만 이미 속에서는 이곳에서 일하고 싶은 마음과 면접에 대한 열의가 거의 소멸한 상태였다. 그 대신 입사 지원 전 당사에 대해 알아보고 서비스에 직접 가입하여 사용해 보던 내 모습이 아른거렸고 마음속 공간은 자책과 허무함으로 채워지기 시작했다. 하지만 그러함에도 면접에 대한 집중을 풀지는 않았다. 내 자격의 보호를 위해 반골적으로라도 그래야 했다.

이후 면접은 대략 30여 분간 다시 원만하게 진행되다 끝났다. 회의실을 나오자, CSO는 곧장 사무실로 돌아갔고 COO가 혼자 공유 오피스 출입구까지 나를 배웅했다. 나는 그에게 정중히 인사하고 그 건물을 완전히 떠날 때까지 어떠한 감정도 표출하지 않았지만, 그 좁아터진 회의실 속에 숨겨진 공기는 계속 나를 따라오며 괴롭혔다.

나의 경우 면접이 하나 끝나고 나면 보통 이틀에서 길면 사흘이 지날 때까지 지난 면접에 대해 계속 복기한다. 딱히 그러길 원해서 그러는 건 결코 아니다. 집중력이 면접 내내 지나치게 높이 올라가는 바람에 그렇게 되어버린다. 당시 입력된 시각·청각·후각적 정보가 머릿속에서 자동으로 리와인드 되느라 잘 봤건 못 봤건 여간 피곤하고 괴로운 게 아니다. 이 경우 스스로 멈춰지도록 하는 제어가 거의 불가능해서 억지로라도 종류가 다른 정보를 상반된 자극을 통해 끊임없이 주입한다. 그러지 않으면 신경이 극도로 예민해져 편두통을 앓거나, 잇몸처럼 피부조직이 약한 부분에 심한 염증이 생기기도 한다.

그 대신 시간이 오래 지나도 사진이나 동영상 같은 선명하고 객관적인 기억이 남는다. 그날 CSO가 내뱉은 것은 형식만 의문문일 뿐 사실상 질문이 아니었다. 그의 입에서 나온 것은 '사악함'이었다. 그간 해온 일, 믿어주고 함께한 사람들, 같이 이룬 우리의 성과 모두를 부정하고 가소롭게 여기는 그 악성은 시기의 발로가 아니었다. 나는 그에게서 세월 속에 너무나 자연스러워진 **교만**을 보았다. 사람의 영혼을 갉아먹으며 전염되다가 결국 조직 전체로 퍼져 나가게 되는 바로 그것이었다.

예전에는 결국 자금이 적은 탓에 회사 규모가 작은 경우가 많았다. 하지만 지금은 그밖에 다른 여러 이유가 있어 계획적으로 작은 회사를 지향하거나 유지하는 것이 가능하고 또 실제 그러한 곳도 많다. 근원적으로는 컴퓨터의 존재로 인해 직원 한 명이 처리할 수 있는 업무의 양과 가짓수가 폭발적으로 증가한 덕분이다.

ICT 스타트업 회사의 경우엔 더욱 그러하다. 매출이나 투자 규모는 엄청나도 인원은 10명이 채 되지 않는 회사가 셀 수 없고 그보다 조금 많아 봐야 20명 안팎이다. 한 명이 끼치는 영향력이 매우 크고 직접적인 환경이다. 더군다나 회사의 구조도 더 이상 예전처럼 무조건 수직적인 구조가 아니기에 긍정적인 영향이야 상관없어도 그 반대의 경우는 통제 및 관리도 어렵다.

상황이 이렇다 보니 업계는 높은 수준의 마인드셋을 그 어느 때보다 더 많이 기대·요구·적용하고 있다. 하지만 꼭 그런 이유 때문이 아니더라도 언제나 스킬셋보단 마인드셋이 훨씬 중요한 법이고 어떤 조직이든 응당 그래야 한다. 기술적 능력이야 억지로라도 배우면 곧 자연스레 늘지만, 정신적 능력은 그렇지 않다. 대단한 의지와 오랜 시간 숙련이 필수인데, 성장은 더디고 순간 한눈팔면 물거품처럼 사라진다.

사회 각계각층 종사자 중 불미스러운 일로 뉴스에 오르는 경우를 보라. 기술적 결핍이 원인인 경우는 거의 없다. 하물며 그러한데 C 레벨급 임직원에게 큰 정신적 결함이 있다면 그 회사는 점차 대내외적으로 각종 문제와 불만, 좋지 않은 평판이 쌓일 수밖에 없다.

한 조직의 브랜드 평가는 언제나 가장 악한 자의 수준을 기준으로 결정되는 것이다. CSO라는 직위 역시 한 조직의 엄연한 수뇌 중 하나다. 그렇게 무거운 책임을 지닌 주요 인사가 철저히 남남 관계에 불과한 사람을 생전 처음 보는 자리에서 상대할 때도 그런 식이라면, 철저한 상하 질서로 매일 보는 C 레벨-평직원 관계일 경우 어떤 구조가 형성될지는 불 보듯 뻔한 일이다.

원래 상식 이하의 현실은 놀라움으로 가득 차 있어서 상식적인 사람들의 말문을 막는다. 그럴 때는 절대 맞받아치지 말아야 한다. 만약 어떤 식으로든 그 생각을 애써 바꿔보려고 시도한다면 후에 더 큰 자괴감을 감당해야 한다. 보통은 침묵하면 상대방 측에서 잘못을 알아차린다. 하지만 그럴 수준도 미처 안 되는 것 같다면 더더욱 말을 아껴야 한다. 나의 말은 그곳에서 아무 소용 가치가 없다.

그렇게 아무 말 없는 이유를 분명 자신이 정곡을 찔러 할 말 없게 만들어버렸다고 오해하고 기고만장할 거라는 점이 석연치 않고 불쾌할 것이다. 그러나 서문에서도 말했듯 취직은 기나긴 정신 싸움이다. 상대가 뭐라고 착각하든 내버려 두고 옳은 것을 계속 품어야 한다. 그래야 정상적이고 좋은 회사를 만났을 때 그들이 나를 알아볼 수 있다.

때때로 정적은 말보다 많은 것을 담아 전할 수 있다. 그 회의실에 있는 동안 아주 짧았지만 가장 길고 유일했던 정적 역시 그랬다. CSO는 잠들기 전 혼자서나 잠깐 생각하고 말 것을 내키는 대로 입 밖에 꺼내며 비아냥댔고, 그것으로 나는 그곳에 믿고 따를 리더가 없단 걸 알게 됐다.

지원자는 무조건 굽히고 조아린 채 일방적인 시험을 보러 회사에 방문하는 것이 아니다. '겸양'과 '저자세'는 다른 것이다. 가서 보고 듣고 말하는 동안 그 회사에 대한 정보를 최대한 많이 수집해서 느끼고 판단 내릴 줄 알아야 한다.

　Z사는 그로부터 몇 년이 흐른 후 다른 이름으로 사명을 변경했다. 아무리 회사들이 그 사업과 비전에 관해 이렇게 저렇게 거룩한 얘기를 하고, 또 그 내용을 거창하게 실은 기사를 내며 PR해도 업계 전문가들은 다 안다. 아니, 꼭 전문가가 아니어도 모두가 안다. '잘되는 가게는 상호를 쉽게 바꾸지 않는다'라는 걸. 누군가의 논리대로라면 아마 몇몇 인원의 정신연령이 중요 보직을 수행하기엔 너무 어렸나 보다.

챕터 2.

선입견과 싸우다

[보드빌]

'꼰대', '꼬장' 등은 예로부터 주로 청소년기의 친구들 사이에서 기성세대를 폄하시킬 때 자주 써온 속어다. 그 대상에는 대표적으로 선생님이 있고 또 어떤 지역에서는 간혹 아버지가 포함되기도 했다. 그 밖에도 숱하게 많은 사람이 같은 비하를 받았는데, 그들 모두에게는 고압적이고 고지식한 면을 보인다는 일반적인 공통점이 있었다.

그런데 언제부턴가 '권위적'이라는 성질을 같은 범주로 취급하기 시작했고, 이내 동일 대상 조롱 시 습관적으로 "권위적이다"라고 수식하는 경향이 매우 짙어졌다(이제는 거의 관례적인 수준이다). 하지만 이 '권위'라는 단어는 그들과는 전혀 다른 속성으로 사실 굉장히 좋은 뜻이다.

표준국어대사전에서는 이 말을 크게 두 가지로 나누어 해설하고 있다.

1. 남을 지휘하거나 통솔하여 따르게 하는 힘.
2. 일정한 분야에서 사회적으로 인정받고 영향력을 끼칠 수 있는 위신.

  두 가지 모두 뛰어난 능력과 결과물이 뒷받침되지 않고선 실현 불가능
한 역량이다. 그러니 정확히는 '권위' 그 자체가 아니라 그에 취해 망가지
고 부패한 사람이 보이는 독성이 문제이다. 또 한 가지 유념해야 할 점은
그런 사람들이 진짜 권위자도 아니란 사실이다. 조금만 유심히 관찰하면
그런 악성은 오히려 꼭 어정쩡한 권위를 얻은 자들에게서 더 많이 나타난
다는 걸 쉽게 알 수 있다.
  진정한 권위를 얻은 사람이라면 그 수준까지 도달하는 과정 중 뼈를 깎
는 고통을 필연적으로 감내하므로 겸양의 미덕이 쌓이게 마련이다. 이들은
생각과 언행에 깊이가 있어서 그렇지 않은 자들과 확연히 구별되기 때문
에, 꼰대를 권위적이라 일컫는 건 곧 진짜 권위자들과 어중간한 자들을 동
일시하는 오류를 범하는 것이다.
  이런 혼동의 원인은 제뉴인(진짜)들이 매우 드물고 자주 접하기가 어렵기
에 그 진면목이 정녕 어떠한지 익숙지 않다는 데 있다. 반면 어설픈 지위에
오른 자들과 또 그런 자들을 흉내 내는 자들은 발에 차일 정도로 많다 보니
그들의 자연적 결함에 대한 직간접적 체험 빈도는 압도적으로 불어난다. 정
작 권위자들과는 정반대되는 방향의 성격을 지녔는데도 '권위적인 꼰대'라는
잘못된 모순어법이 상용될 수밖에 없는 환경에 노출되는 셈이다.
  그들은 겨우 그 정도의 자리에 오르기까지 본인이 쏟은 노력과 그 결과
에 심히 만족하고 도취한 자들이다. 하지만 인생에서 '긍정적 유지'란 불가

능하다. 즉 **안주**는 퇴보이자, 동시에 **종료**를 의미한다. 학습의 연속성과 확장성, 개인적 성장은 그렇게 어느 순간 멈춰버린다. 그 대신 이전까지 자신에게 크게 작용했고 현재는 전부가 되어버린 지식·견해·경험·기술, 즉 자신을 과신하고 과시하기 시작한다. 그러지 않으면 아직도 불충분하고 결핍된 부분들이 금세 탄로 날까 봐 두렵기 때문이다.

과신과 과시는 여러 형태로 나타난다. 그중 대표적인 행동 하나가 바로 '입 밖으로 소리 내어 말하기'이다. 자신의 지식과 의견을 언제 어디서나 어떻게든 꺼내 보이는 것이다. 하지만 그 모두가 이제껏 쌓아둔 배움에 기반을 둔 것들이라 언젠간 동이 나고 만다. 그래서 미지의 영역, 불확실한 영역에 대해서는 설령 보유한 표본이 작을지라도 자신의 지난 몇몇 경험들에 의존하게 된다. 상당히 위험한 도박을 하는 것이나 마찬가지다.

이런 행동 심리는 특히 자신이 더 윗사람이라는 착각을 품은 채 상대방을 판단까지 해야 하는 상황에 있을 때 극에 달한다. 일명 '자칭 권위자 모드'가 발동되는 것이다. 이 경우에 면접자 앞에는 **색안경을 끼고 선입견으로 중무장한** 사람이 앉아 있게 된다. 사실상 면접관이 아니라 꼰대를 상대하게 되는 것이다. '진정한 권위자'나 '권위적인 꼰대'가 아니라 그냥 **꼰대** 말이다.

나는 이 챕터를 쓰기 시작하면서 온전히 '제멋대로 뿌리 깊은 선입견'에만 초점을 맞춰 지금까지의 직접적 관계망을 곰곰이 돌이켜보았다. 하지만 그런 인식이 뇌리에 박힐 만큼 편협한 사람은 주위에 흔치 않았다(그보다는 부정, 저열, 비리 등과 조우하고 충돌했던 기억이 훨씬 크게 자리 잡고 있었다).

우선 부친은 그러한 유형과는 거리가 멀고 은사 중에서도 그런 분은 떠오르지 않았다. 친척은 물론이고 심지어 군대에서조차 그와 관련해 곧장 떠오르는 선임 또는 지휘관이 없었다(다시 한번 우리 사랑하는 부대에 깊은 감사와 자부심을 느낀다). 그래도 장고를 거듭하면서 그나마 유사하거나 혹은 아주 전형적인 기억 몇몇을 추출할 수 있었는데, 그중 일부는 그 편협성의 심도를 떠나 '의외'라는 의미가 강한 경험으로 분류되어 있었다.

스무 살 무렵, 어느 교회의 사모는 내게 남자가 너무 곱다며 혹시 동성애자 성향 쪽이 아니냐는 뉘앙스로 물었다. 처음엔 농담이라 생각해 웃으며 그렇지 않다고 하자, 사모는 아니라고 그럴지도 모른다며 사뭇 진지하게 재차 얘기했다. 나는 더 이상 대꾸하지 않았고 적당히 인사하며 자리를 떴다(그러나 이후 이 얘기를 들은 모친은 크게 화를 내셨다).

이후 서른쯤 됐을 때 또 다른 한 사모는 잠시 같이 앉아 소소한 대화를 나누던 중 이렇게 얘기했다.

"나도 SNS를 하긴 하는데 **보이는 것만으로** 남들이 나를 마음대로 판단하는 게 싫어서 업로드는 하지 않거든요." 그러더니 곧바로 이어 "상열 씨 계정을 보면 되게 **특이한 것 같아요**"라는 말을 덧붙였다. 그 모습은 꼭 보케ボケ 패턴이 쓰인 정형화된 코미디 같았는데, 코미디언들과 달리 희극을 위한 의도는 전혀 보이지 않았다.

사모는 스스로 자기모순에 빠졌다는 걸 전혀 지각하지 못하는 얼굴이었다. 이때도 나는 가타부타 않고 그냥 웃음만 짓고 넘어갔다. 하지만 그 충격은 그 후 며칠 내내 좀처럼 가시지 않았고, 가장 순수해야 할 종교인에게조차 왜곡된 시선으로 임의 오판 받는다는 생각에 마음이 계속 아려와 결국 SNS 계정을 삭제해 버리고 말았다.

또 그와 비슷한 시기, 한 성직자는 내게 역사학을 배우면서 어느 때가 가장 흥미로웠는지 물었다. 나는 세계사의 시대적 분류와 중국의 왕조 분류 중 어떤 기준에 따른 때를 묻는 것인지, 또 어느 쪽이든 내 답은 무엇인지 약 2초 정도 생각에 빠졌다. 그런데 그 찰나에 그는 대답을 듣지도 않고 "공부를 잘 안 했구나"라며 금방 단정 지어버렸다. 그러나 또 한 번 나는 침묵을 지켰고 조금도 왈가왈부하지 않았다.

그리고 마지막 경험은 지난 2020년 초에 만났던 한 사람과의 일이었다. 이때가 유독 뜻밖이고 운이 나빴던 이유는 크게 두 개인데, 하나는 그가 앞선 이들에겐 없는 사회적 도구의 실제적 운용 주체였기 때문이고 또 하나는 하필 그런 자가 마주 앉은 면접관 중 한 명이었기 때문이다.

때는 J사 퇴직 이후인 3차 구직 시기였다. 이 D사는 식자재 및 요리 유통 플랫폼 서비스를 운영하는 신생 회사였는데, 비교적 작은 건물에 입주해 있었다. 그래서 사무실에 들어가는 순간 내부가 한눈에 들어왔다. 직원은 한두 명뿐이었고, 그래서 사무실치고는 꽤 적막했다.

면접은 출입문으로 들어와 거의 곧바로 우편에 있는 자그마한 회의실에서 진행됐다. 당사의 이사 A와 마케팅 책임자 B가 면접관으로 참석했는데 둘 다 40대 중반쯤 된 남성으로, 내 정면 왼편에 A가, 오른편에는 B가 앉았다. 이들은 말하길, 대표와 자신들을 포함해 셋이 창업 멤버이고 아직 스타트업이라 한창 바쁘고 할 일이 많다고 했다.

이후 전 직장 J사와 스타트업 S사에 대한 많은 질문과 얘기가 오갔고, 그 다음에는 당사 사업에 대한 지원자의 관심도와 직무 적합성을 알아보기 위한 질문이 시작됐다. D사의 플랫폼은 단순 근거리 음식 배달서비스가 아니라 전국 각지의 특산물을 반조리 식품 방식으로 현지 직송하는 서비스였다. 그래서 마케팅에 있어 타 배달서비스들과 어떤 부분을 차별화할 수 있고 또 어떻게 해야 효과적일 것인가가 긴 시간 대화의 중점이었다.

이어서 당사 서비스에 대한 전망과 사업의 구체화에 관한 얘기가 시작됐다. 예상 범주를 벗어나거나 특별히 까다롭고 난해한 질문은 없었다. 준비한 맞춤형 키워드와 몇 가지 레퍼토리를 모두 적절히 배합해 쓸 수 있었고, 덕분에 충분히 논리적이고 현실적인 답변과 의견 제시가 가능했다.

나는 스타트업 S사 시절이던 2017년경 강남구 삼성동에서 고메 요리 구독 플랫폼 서비스 P사의 대표와 만난 적이 있었는데, 당시 그에게 직접 들은 내용 중 연관된 부분의 차용이 특히나 유용했다. 그렇게 면접은 안정적인 흐름 속에 별 탈 없이 후반부를 향해 가고 있었다.

"근데 얼굴이 곱상하게 생겨서 힘든 일은 잘 못 할 것 같은데. 우리는 스타트업이라 진짜 바쁘고 한 명이 해야 하는 일도 정말 많고 힘들거든요." 갑자기 이사 A로부터 뜬금포가 날아 들어왔다. 제식이 워낙 고루해서 터지자마자 케케묵은 냄새가 진동할 정도였다. 하지만 이번에도 나는 방독면을 쓰고 있었고 어떤 감정도 표정으로 내비치지 않았다.

다만 무언가를 바라고 기대하는 아쉬운 입장인 상황은 이전의 몇몇 경우들과 다른 점이었다. 이번엔 늘 그래왔듯 마냥 참거나 알맞게 회피해 버리고 마는 데 그칠 수 없었다. 어떻게든 지혜롭게 대응해야 한다는 점도 까다로운데, 어쩌면 지원자로서의 존망이 걸린 문제가 하필 듣기만 해도 지긋지긋한 주제에서 비롯됐다는 점 때문에 여간 성가신 게 아니었다.

동년배 군에서는 내가 늘 아주 약간 앳되어 보이는 축이었던 건 사실이다(설명하고 싶지 않아도 내용의 진행을 위해 좌우지간 해야 할 것 같다). 하지만 그렇다고 해서 결코 놀랍도록 동안인 편도 아니고 여성스럽게 보이는 상은 더더욱 아니다. 단지 선이 굵고 진하며 시원스러운 느낌의 고전적 미남형과 거리가 멀 뿐이다.

그런데도 외모가 주는 어떠한 느낌이 있는지 별일을 다 겪었다. 이십 대 후반에도 몇 번이고 고등학생으로 오인해 다짜고짜 반말을 듣거나, 다수의 아르바이트 현장에서 외모만 보고 만만하게 여긴 자들로부터 물리적 폭행을 포함해 여러 불합리한 대우와 몰인격적인 모욕을 받기도 했다. 군 복무 중에는 가장 성실하고 터프한데도 "쟤 좀 뺀질거리지 않느냐"라고 오해하는 간부가 있어 오히려 선임들이 적극적으로 나서 변호하며 보증하기도 했다. 심지어 이 책을 쓰고 있던 2023년에도 별개의 자리에서 처음 만난 50, 60대의 두 대표로부터 "고생 한번 한 적 없게 생겼다"라는 말을 토씨 하나 다르지 않게 듣기도 했다.

물론 일반적으로는 아무 악의 없는 소소한 칭찬이나 인사치레일 수 있다. 하지만 그렇더라도 개인적으로는 듣고 싶지 않은 말들이다. 아쉽지만 그것들을 곧이곧대로 좋게 받아들이기엔 지난 내 삶은 그다지 순탄치 않았다. 거의 청소년기부터 상당히 황폐하고 냉혹한 부조리와 부딪히는 일이 끊이질 않았고, 그럴 때면 신체적으로든 정신적으로든 어떨 땐 품위尙로써 또 어떨 땐 세차게烈 저항하며 기어코 끝을 봤다. 아마 그래서 강골로 성장했을 테고, 또 그랬기에 온순한 면 뒤로 끈질기고 냉철한 면도 있게 됐을 것이다.

그러나 왜 그런 일들이 내게 생겼으며, 그럴 때 왜 나는 순순히 비켜서거나 물러서지 않았는지 그 이유는 알 수 없다. 인생은 내 주관이 아니다. 그렇지 않다면 시답잖은 소리나 해대는 면접관들을 상대할 일 따위는 미리 알고 피했을 테다. 하지만 안타깝게도 외모에 관한 얼토당토않은 얘기나 갑자기 나오는 면접을 보게 되는 게 바로 현실이다. 그리고 그건 우연히 지나가던 곳에 인분으로 만든 생화학 폭탄이 갑자기 투하되며 지저분한 전장으로 탈바꿈되는 것이나 다를 바 없다.

타고나는 외면만으로 사느라 직접 경작해야 하는 내면을 갖추지 못한 자들은 타인의 이면을 보지 못한다. 혹은 그 존재를 감지하더라도 이내 간과하거나 경시하여 발을 헛디디는 경우가 많다. 그렇지만 그런 사실을 익히 알고 있었음에도 노골적으로 외모 얘기를 듣는 면접은 처음이었고 그것을 아무렇지 않게 받아들일 수는 없었다.

특히 세 가지가 아주 어이없고 못마땅했는데, 하나는 '이제껏 했던 스타트업 S사 관련 얘기는 도대체 무엇을 위한 것이었으며 어디로 사라졌는가?'였고 둘째는 '일 못하는 외모가 따로 있다'라는 괴상한 구시대적 논리였다. 정말 그대로라면 여성은 자연히 남성보다 조형적으로 곱고 예쁘장하므로 전부 일을 못 한다고 봐야 한다. 그러니 그 발언이 남자인 내게 한 것이었어도 사실상 엄연한 성차별적 시각에서 기인했으며 동시에 여성을 어떻게 생각하는지 알 수 있다. 그래서 마지막 셋째는 '더욱이 지금 시대에 이런 사고思考와 실수가 얼마나 치명적인지 모를 정도로 무감각한가?'였다. 겨우 이 정도의 수준으로 거대한 전국적 서비스 사업을 한다는 사실에 나는 속으로 담담하게 경악하며 이곳에 가망이 없단 걸 확신했다.

"사람 속은 겉모습과는 또 다르죠." 나는 '사람은 겉만 보고 판단해선 안 된다'라는 의미로 차분하게 에둘러 부정했다.

"그래요? 겉이랑 속이 다르다?" 그러자 이사 A는 앞선 문맥과는 전혀 다르게 '사람이 겉은 번지르르하나 속은 구리다'라는 의미로 대답을 해석하며 되물었다. 내내 웃음기 하나 없던 그는 왜인지 모르겠지만 이때 처음으로 입꼬리가 올라가며 히죽거렸다.

대화가 황당함을 넘어 당황스러울 정도로 이상하게 전개되고 있었다. 나는 초급 수준의 국어를 해설해야 하는 자신의 상황이 한심하고 구차하게 느껴졌으나 시도는 해봐야 했다(그것이 지원자의 숙명이므로). 그런데 설명이 시작되는 순간 A와 B 두 사람의 의미를 알 수 없는 웃음이 터져 나왔고, 뜻을 제대로 전달하려 했던 의도는 그렇게 순간 흐트러지며 달라진 공기로 인해 그 효력을 잃고 말았다.

나는 어쩔 수 없이 스타트업 S사 당시 고생한 일화 몇 개를 축약해 꺼내는 차선책으로 급선회했다. 하지만 계획하지 않았던 발언이 예상치 않게 늘어나면서, 결과적으로는 그들이 제기한 의문에 대한 부정과 증명보단 흡사 **해명하려 애쓰는 듯한** 모양새에 가깝게 되어버렸다. 면접자로서는 전혀 달갑지 않은 상황이 되어버린 것이다.

어떤 필요성을 규정해서 그에 충족하는 사람을 찾아 고민하고 결정하는 과정은 불확실성으로 가득하다. 올바른 판단이 어려우면 그만큼 넓은 시야와 열린 마음으로 알아보려는 적극성을 취해야 한다. 그것이 권위자들 또는 권위자가 될 수 있는 제뉴인의 방식이다.

하지만 가짜들은 미지 속에서도 이상하리만큼 맹목적이고, 또 그래도 별문제 없다고 생각한다. 잘 모르겠거나 익숙지 않은 것은 그냥 고려 대상에서 제외해버리면 그만이니까. 비록 그들이 어중간하기는 해도 그렇게 할 정도의 힘은 갖고 있다. 그리고 언제든 그렇게 실행만 하면 부족함 많은 자신의 체면과 위신을 별 무리 없이 지킬 수 있다. 그래서 그러기 위해서라면 아무리 비과학적이고 비논리적인 생각이어도 정제하지 않고 육성으로 내뱉어 버린다.

지원자는 면접 자리에서 말 한마디 한마디가 아쉽다. 그래도 언제나 길게 말할 필요는 없다. 굳이 자세하게 할 얘기가 아니면 단어를 잘 선택해서 함축적이고 압축적으로 말하는 편이 낫다(훨씬 세련되고 이지적으로 보이는 방법이다). 그렇다고 굳이 고급 어휘를 쓰려고 할 필요는 없다. 헤밍웨이Ernest Hemingway도 어려운 단어에 대해 부정적인 견해를 내비친 바 있고 오스카 와일드Oscar Wilde는 그것들(난어)이 의미가 거의 없다고까지 했다.

무엇보다 업계는 어떤 '전문 학계'가 아니다. 조금이라도 어려우면 알아듣지 못하는 사람이 의외로 많고 그중에는 자격지심 있는 사람도 많다. 그래서 부富로 지성을 대체하기 위해 업계로 온 것이다. 현대사회가 아무리 자본주의적이어도 지성의 가치와 그에 대한 본능적 열망은 여전한 데다가 '부유'는 지성과 달리 영리하기만 하면 성취할 수 있기 때문이다.

그러니 지원자는 항상 겸손하고 간결하되 필요할 때만 충분히 말하면 된다. 늘리고 줄이는 것은 면접관의 역할이다. 면접 자리에 '상하'는 없지만, '선후'는 분명히 있다. 그런 리드를 위해 면접관으로 나온 것이니 믿고 맡겨야 한다. 스포츠나 게임을 할 때 우수한 팀 동료와 함께하면 덩달아 좋은 퍼포먼스를 내게 되듯, 면접도 실력과 인격을 겸비한 면접관과 함께하면 만족스럽게 임할 수 있다.

　문제는 그런 중책을 맡는 면접관들 가운데 면접관은커녕 현대인으로서의 기본 소양조차 부족한 이가 허다하다는 점이다. 물론 업계는 후진적인 채용 문화를 쇄신하기 위해 일찍이 다방면의 노력을 기울여 왔다. 하지만 그렇더라도 어떤 시스템이 모든 개개인을 완벽히 검증하거나 제어할 순 없는 법이다. 덕분에 지금도 곳곳에는 부적격자들이 덫을 친 채 웅크리고 있고, 지원자는 그 복병들이 느닷없이 투척하는 고질적인 병폐를 단순한 사전 인지만으로 예방하지 못한다(원래 교통사고는 나만 조심한다고 해서 일어나지 않는 게 아니다).

　그러기엔 그들은 너무나 낡고 불투명하며 폐쇄적인 곳에 도사리고 있다. 과학기술이 일상 속 아주 깊숙이 침투해 행동반경을 축소 시킨 덕에 쥐 죽은 듯 틀어박혀 온종일 컴퓨터 앞에만 앉아 있어도 큰 수익이 나는 환경이 조성된 탓이다. 비록 수많은 회사가 거대 지역의 도회적인 공간에서 PC/모바일 인터넷 서비스 등의 현대적이고 대중적인 사업을 영위하지만, 결국 그렇게 시장을 점유해 나가면서도 정작 세상과는 너무나 동떨어진 집단이 되어가는 꼴이다.

　업계는 꼭 정계나 연예계처럼 범인들은 이해할 수 없는 자신들만의 생리와 문법이 통용되는 곳으로 변모하고 있다. 상식적인 사고와 소통이 불러일으키는 환기喚起가 사라진 데다 굳게 닫힌 취직 문으로 환기換氣도 잘되지 않으면서 탁하고 썩은 내를 풍기는 조직이 늘어나는 것이다. 2020년대에도 외모를 품평하면서 단지 그 느낌만으로 역량을 추론하는 꼰대스러운 회사가 존립할 거란 걸 누군들 쉽게 예상했겠냐 마는, 사실 부패한 회사들이 평소 세간을 어지럽히고 소란스럽게 만드는 사건들에 비하면 귀여운 투정에 불과할지도 모른다.

다만 일개 구직자로선 문전까지 다가서야만 비로소 그 악취를 감지하게 되니 큰 손해가 아닐 수 없다. 몇 번이고 다가가 두드리고 말을 건넬 줄 아는 적극성과 행동력을 갖춘 사람에겐 더더욱 불리하다. 시도 횟수가 많으니 실망할 확률도 높고 혹시라도 불운이 반복되면 심리적 포기 상태에 빠지기도 쉬우니까.

사회성이라는 강력한 에너지가 선입견이라는 고압으로 인해 발아하지 못하고 번번이 지면 아래에서 터져버릴 때, 그 내상으로부터 계속 온전할 수 있는 사람은 그리 많지 않다. 반면 어딘가 흠결이 있고 모난 부분이 있는 사람은 당연히 나 자신을 포함해 헤아릴 수없이 많다. 둘 다 인간이 태생적으로 불완전한 존재란 점이 원인이다. 또한, 깊은 앙금을 갖지 않거나 혹은 갖더라도 그 감정을 희석하려 애써야 한다는 점 역시 둘 모두의 중점이다.

바로 이 점들을 이해하는 이성만 굳건하다면 감정은 언젠가 회복될 수 있다. 감정을 전부 내주더라도 이성만은 끝까지 고수해야 하는 이유다. 그것이 내가 제각각인 여러 국가·문화·민족 가운데 생활하며, 또 여러 산업에서 각기 다른 직위·직무로 많은 이들과 협업하며 깨달은 바다.

같은 논지로 마크 트웨인Mark Twain은 "선입견에 사로잡힌 자들과는 절대 논쟁하지 말아야 한다"라고 했다. 그러면서 "그들은 상대방을 자신들의 수준으로 잡아 끌어내린 다음 자신들의 경험으로 상대방을 이기려 하기 때문이다"라는 말을 덧붙였다. 그 말에 전적으로 동의한다. 그러나 비뚤어진 회사와 면접을 보는 구직자에게 있어 그 뜻을 지키는 것은 가혹한 일이다.

불운을 받아들이고 다음을 기약하면서도 마지막까지 집중하다 그 자리를 떠나는 건 그보다 더 가혹하다. 그렇지만 벌써 말했듯 취직은 전쟁이고, 이렇게 하는 것이 바로 그것이다. 애초에 가혹하지 않은 투쟁 따위는 없다. 그리고 전선에서는 지금도 매일 똑같은 일이 벌어지고 있다.

이 전선에서는 못난 사람들에게 져주는 게 곧 승리 요건이다. 져주는 그 순간 평정심, 인내심, 품격을 배우고 또 그것들을 내보임으로써 이기는 것이다. 해낸다면 다음 기회에 더 나은 모습으로 도전할 수 있고, 그러지 않으면 발전 없이 정체하게 된다.

들어가지도 않을 조직과는 애써 붙지 말고 대수롭지 않게 여길 줄 알아야 한다. 전투는 지더라도 전쟁에서 이기면 된다. 어디까지나 이 전쟁의 목표는 '업'과 '좋은 조직'이다. 그것을 얻고 그런 곳에 합류하고 싶다면 우선 그쪽에서 받아줄 만한 **좋은 사람**이 되어야 한다. 그리고 그 목표는 보이지 않는 저 고지 어딘가에서 우리가 성장하며 전진하는지를 지켜보고 있다. 만약 영광의 상처 하나 없이 그들 앞에 선다면 그들은 그다지 반기지 않을 것이고, 그럼 우리는 일생일대의 기회를 놓치게 된다.

[파괴의 심포니]

사람이 나자마자 들러붙어서 눈 감을 때까지 괴롭히다가 죽고 나서야 시들해지는 것이 있다. 바로 **편견**이다. 시야를 가두고 사이를 떨어뜨려 놓는 이것이야말로 세상에 존재하는 것 중 가장 '순수 악'에 가깝다.

그래서 편견에 세뇌당한 사람과 대화해 보면 역할 정도로 지독한 냄새가 난다. 그런데도 웬일인지 일단 한번 맡고 나면 감각적으로 곧장 무시하고 떨쳐내기가 상당히 어렵다. 피하고 싶어지는 다른 평범한 악취들과 달리, 본능적으로 맞붙어 싸우고 싶어지도록 음흉하게 유혹하며 자극하는 것이 그 특유의 악성이라서다.

편견은 유치해 보일 정도로 단순한 구조로 되어 있고 아주 간단한 방식으로 마음을 교란한다. 반면 복잡한 것, 즉 콤플렉스는 다양한 기제와 논리의 조합으로 구성되어 있어 오히려 함정을 파기가 쉽지 않다. 까다로움이

걷으로도 보이므로 선뜻 그 안에 뛰어들어 이해해 보려 하지 않아서다. 그렇게 거리는 유지되고 결국 아무 일도 일어나지 않는다.

반대로 단순한 것은 오류가 명백히 보인다. 그래서 당장 진입해 뜯어고치고 바꿔놓을 수 있을 것처럼 느껴진다. 하지만 막상 들어가 보면 예상과는 전혀 다르다는 걸 깨닫게 된다. 콤플렉스는 입체적이라 풀이와 해체, 분석이 가능하나 편견은 그렇지 않다. 밑도 끝도 없이 깊은 데다 발버둥 칠수록 계속해서 더 깊은 곳으로 끌어들이기 때문에 한번 발을 들이면 쉽게 빠져나오기가 힘들다. 이전 챕터에서 마크 트웨인Mark Twain까지 언급하며 들어가지도 않을 조직과는 굳이 붙지 말라고 강조한 건, 이 늪이 악이 꾸민 노림수란 걸 알면서도 순식간에 빠져버리기 때문이다.

지난 D사 이후 얼마 되지 않아 나는 또 다른 곳의 면접을 보게 됐다. 이곳은 가상자본 거래소 서비스를 운영하는 회사였는데 아쉽게도 사명과 정확한 주소는 도저히 기억해 낼 수 없었다. 하지만 강남구 테헤란로(2호선 라인) 아니면 봉은사로(9호선 라인) 둘 중 한 곳에 위치했던 것과 해당 대로를 중심으로 남쪽 블록에 있는 고층 빌딩 내 유명 프랜차이즈 공유 오피스에 입주해 있던 것은 확실하다. 이 글을 쓰기 시작하면서 몇몇 구직 사이트에 등록된 모든 동종 회사의 이름과 주소를 모조리 살펴봤지만 기억하는 위치에 주소를 두고 있는 곳도, 익숙함을 주는 이름도 없었다. 미루어 짐작건대 사명을 바꾸고 이전했거나 폐업을 한 것 같다.

면접일 당시는 코로나19가 창궐하고 나날이 심해지던 시기였다. 건물을 드나드는 모든 사람이 1층에서 체온 확인과 방문자 등록을 마친 후에야 개표구를 지날 수 있었다. 나는 엘리베이터를 타고 올라가 공유 오피스 출입문 앞에서 면접 일정과 관련해 연락받은 번호로 전화를 걸었다. 그러자 적당히 긴 생머리에 비슷한 또래로 보이는 한 여자 직원이 나와 밝게 인사하며 안쪽으로 안내했다.

회의실은 딱 4인용 정도의 공간이었다. 그녀는 잠시 계시면 대표님이 오실 거라는 말을 남기고 사무실로 돌아갔다. 나는 복도 쪽 바깥 자리에 앉았다. 오후 두 시 혹은 세 시쯤 된 시각이었다. 안쪽 자리 뒤 통창이 북향으로 나 있었고, 대로 건너편 북쪽 블록 건물들 창문에 서서히 기우는 해가 눈따갑게 반사되고 있었다.

몇 분 뒤 조금 전 여직원과 한 남자가 회의실로 들어왔다. 나는 일어나 인사를 했지만 그는 인사는커녕 내 쪽은 쳐다보지도 않으면서 곧장 안쪽으로 들어가 앉았다. 그러곤 곧바로 서류를 보기 시작했다. 그는 약 쉰 정도 되어 보였고 크지 않은 키와 체구, 약간 호리호리한 편에 안경을 쓰고 있었다. 여직원의 사전 안내가 없었더라면 그 사람이 대표란 걸 쭉 알지 못했을 것이다. 그는 자신을 소개하지도 않았고, 무엇보다 대표라는 자리에 걸맞은 행동 양식이 전혀 보이지 않았다. 차라리 임금이 정무를 보러 편전에 행차했다고 생각하는 편이 더 그럴싸했다. 물론 그에 비하면 턱없이 좁고 초라한 미팅룸이었지만.

내 정면 왼쪽에는 직원이, 오른쪽에는 대표가 앉았다. 그런데 대표와는 똑바로 마주 봤다고 해도 무방할 만큼 정면이었고 직원은 거의 따로 앉았다고 보는 편이 어울릴 정도로 나와 대표 모두에게서 상당히 떨어져 있었다. 이제껏 두 명의 면접관이 참석했던 면접 가운데 그 둘 사이가 가장 먼 경우였다. 책상이 너무 작거나 좌석 간격이 좁은 것도 아니었다. 사실상 면접관 한 명이 비서를 대동한 듯한 모습이었다.

면접관으로서 이 대표의 태도는 그런 좌석 배치보다 훨씬 더 이상했다 (어쩌면 정확히 어울렸다는 표현이 적합할지도 모르겠다). 그는 면접 내내 약간 비스듬히 돌아앉아 이력서만 바라봤다. 질문할 때나 대답을 들을 때나 여간해선 나와 눈을 맞추지도 않았다. '면접'을 면面접이 아니라 면免접으로 알고 있는 모양이었다.

반면 여직원은 비록 침묵하긴 했으나 멀리서도 줄곧 나를 응시하기는 했고, 나는 여러 답변 중 자연스럽게 그녀에게도 시선을 돌려주곤 했다. 하지만 그뿐이었다. 그녀에게선 특별한 반응이나 참여가 나오지 않았다. 심지어 고개를 작게나마 끄덕이는 평범한 사회적 상호작용조차 볼 수 없었다. 공유 오피스 문을 열어주며 맞이할 때의 생기있던 분위기와는 딴판이었다. 나는 그것이 수동적이고 소극적인 성격 문제가 아니라 어떤 언어적·비언어적 지시에 따른 방관 혹은 그 직원이 내부자로서 스스로 터득한 **질서**임을 확신하게 됐다.

결국, 사람이 셋이나 있지만 단 한 채널에서도 상호 소통이 오가지 않는 괴이한 면접—과연 면접이라는 지칭이 합당한지 모르겠지만—은 발언 전달의 효율과 효과가 전혀 파악되지 않는 상태로 계속됐다.

스타트업 S사 관련 얘기가 시작됐을 때까지도 변하는 건 아무것도 없었다. 대표는 여전히 서류 종이만 내려다보고 있었다. 나는 어차피 이럴 바엔 차라리 전화나 화상 면접이 더 생산적이겠다는 생각과 함께, 이런 시국에서도 그 방식들을 택하지 않는 데에 의문이 들었다.

"부티크Boutique인가요?" 대표는 S사에 대해 너무나 건조하게 물었다.

꼭 하찮게 여기는 곳을 가리켜 '여긴 뭐 하는 데냐?'라고 물을 때의 톤이었다.

부티크는 원래 유통 및 판매를 담당하는 유통업자, 즉 에이전시를 가리킬 때 주로 쓰는 말이지만, 암호화폐 거래소 서비스 사업을 하는 만큼 그는 아무래도 주식시장 용어로서의 부티크(프로젝트 성이 강한 소규모 세력)를 말하는 듯했다. 맥락상으로는 그편이 가깝기에 나는 그렇다고 대답했지만 사실 스타트업계에서는 좀처럼 쓰지 않는 표현이었다. '스타트업'이라는 말 자체가 이미 '모험적인 작은 팀'을 의미하기 때문이다.

눈 뜨고 봐주기 힘든 태도, 거기에 꼭 필요치 않은 상황에서조차 외국어(또는 외래어)를 남용하며 우월감을 즐기는 업계 특유의 본새까지 겹치자, 단순히 거슬리는 정도를 넘어 슬슬 짜증이 날 지경이었다.

특히나 ICT 스타트업계는 번역하기 어려운 용어—주로 개발 영역 관련 영어—라면 모를까, 한국어로도 충분히 그 의미를 살릴 수 있는 말까지 일부러 외국어를 쓰는 경향이 굉장히 짙다. 물론 ICT 사업의 특성상 해외 시장 진출과 공략이 수월한 만큼 사명이나 서비스명이야 얼마든 외국어로 작명할 수 있다. 하지만 근래 회사들의 모집 요강은 그 정도가 심한 경우 한국어를 읽고 있다는 느낌이 전혀 들지 않는다(최근 K팝의 한국어 가사가 또렷이 들리지 않듯이).

이들의 채용 공고를 보면 자신들의 회사와 해당 직무를 치장하기 위한 미사여구로써 외국어를 남발하고 있다는 느낌을 받지 않을 수가 없다(음식점 메뉴판을 온통 영어로 써놓고 가격을 유로화€로 표기하며 미숫가루를 'MSGR'로 써놓는 경우처럼). 그리고 나는 회사의 공식 문서를 그런 식으로 작성해 공표하는 업체들 가운데 정말 대중적으로 널리 알려지고 성공했다고 평가받는 회사를 아직 단 한 차례도 본 적이 없다.

그 이유는 단순하다. 사실 오늘날 취직 시장에 나와 있는 직무들은 결코 갑자기 새롭게 생겨난 것들이 아니라서다. 조금만 파헤쳐 보면 그 모두가 곧 예전부터 존재해 왔던 일들이며 별반 다른 점도 없단 걸 금방 알아차리게 된다. 그래서 외국어를 잔뜩 투입하는 것이다. 그렇게 하면 괜히 어딘가 신선하고 세련되게 느껴지게 되고, 특히 신입사원이라든지 타 업계 종사자들에게는 어색함과 혼란을 주게 된다.

문화 이론에서는 이 방법을 '낯설게 하기(Verfremdung)'라고 부른다. 익숙해서 있는 줄도 모르는 일상을 낯설게 만들어 창의적인 듯한 효과를 주는 걸 의미하는 이 이론에서는 창의성을 '남들과 다른 방식으로 보는 것'이라고 설명한다. 업계는 이 점을 이용해 자신들, 자신들의 일, 그리고 자신들의 조직을 '우린 좀 다르다'라는 느낌으로 포장하여 상하적 거리감, 즉 우월감을 구축한다.

그런 식으로 우월감을 느끼려는 이유 역시 특별하지 않다. 현시대를 지배하는 건 대부분 PC/모바일 기반의 IT/DT 서비스들인데 자신이 바로 그 산업의 한 회사 소속이기 때문이다. 전 챕터에서 얘기했듯이 업계 사람들은 어느 특정 학계에 속한 사람들이 아니다. 그래서 그중 몇몇 사람들은 자신의 소속을 대단히 큰 자랑거리로 여기기도 한다. 어디까지나 마음먹기에 달린 것이긴 해도 공허한 속을 채우기 위해 외부를 꾸며 자신을 포장하기 좋아하는 현대인에겐 어떤 **재적 여부**만 한 재료가 없는 것이다.

하지만 우월감은 마약과 같아서 **적정선**이라는 게 존재하지 않는다. 단

한 번의 투약만으로도 중독되어 결국 아주 단순한 사고도 하지 못하고 전혀 나이에 맞지 않게 행동하게 된다. 스스로 특별하다고 착각하여 21세기 귀족처럼 행세하는 자들을 보라. 물가에 내놓은 애들처럼 불안하기 짝이 없다. 그들은 누군가가 꼭 붙어 에스코트해 줘야 하고 주변 사람들을 꿰다 놓은 보릿자루처럼 대한다. 논리적 근거 없이 느낌에 따라 제멋대로 생각하며, 재고 자시고 할 것 없이 내뱉어 버리고, 일을 저지른 후엔 잘못을 인정할 줄도 책임질 줄도 모른다.

불행히도 방금 전술한 내용은 고작 미디어에서나 보고 마는 유명인들에게만 해당하는 묘사가 아니다. 늘 코앞에서 접하는 현실 그 자체이고, 현실은 미디어 속 유명인들처럼 요란하게 예고나 광고하며 다가오지 않는다.

"고집 세시죠?" 그리고 내 앞에 앉은 남자가 그 증명이라도 하듯 경고사격도 없이 돌연 실탄을 갈겼다. 부실하게나마 명맥이 이어져 온 기존 질의 응답의 맥락과는 그 어떤 관련성도 없는 발포였다. 하지만 오발은 아니었다. 그 총성은 피아식별도 끝냈겠다, 사정권을 벗어날 수도 없으니 더 볼 것 없다는 확신에 가득 차 있었다. 그 소리가 살짝 비틀고 앉아 종이만 응시하는 태도와 어찌나 잘 어울렸는지 모른다.

자기의 경험과 세월에 대한 신념으로 뭉친 그의 눈이 지금도 잊히지 않는다. 불확실성에 대한 일말의 걱정도, 미동도 없는 눈빛은 "겨우 몇 년 차에 불과한 구직자 정도는 굳이 두 눈으로 살피지 않아도 모든 걸 알 수 있다"라고 방백하고 있었다. 그때 나는 시꺼면 무언가가 그 평범한 육신에서 아지랑이처럼 피어오르는 걸 분명 본 듯했다.

선무당처럼 구는 그의 작태에서 유황 냄새 같은 꼬랑내가 잔뜩 풍기자,

그에게서 본 듯한 무언가가 내 깊은 마음속에서도 꿈틀거렸다. 나는 그것이 비집고 나오려는 본능을 통제하는 동시에 똑같이 직선적인 화법으로 부정하여 강 대 강 구도가 되지 않도록 하는 데 집중했다.

일반적으로 '고집 세다'라는 말을 쓸 때 대부분 단순히 떼쓰는 모습보단 '아집 부리는 꼴'을 가리키려는 의도가 강하다. 게다가 고집은 어느 정도는 필요한 때도 있지만 아집은 일절 그렇지 않아서 단어가 내포하는 부정적 의미를 조금이라도 희석하는 방향으로는 사용할 수가 없다. 내가 그의 앞에서 유치원생처럼 반찬 투정이나 하고 장난감 사달라고 떼쓰지도 않은 이상, 대뜸 그가 말한 고집 역시 결국 이 아집을 뜻하는 것이었다.

"사람은 누구나 어느 정도 나이가 들면 자기 고집이라는 게 생깁니다. 나이 들어서도 고집 하나 없는 게 오히려 이상한 거죠. 고집하는 바가 있다는 건 좋은 겁니다. 품질에 대한 고집, 완성도에 대한 고집, 디자인에 대한 고집처럼요. 아집이 나쁜 거죠."

나는 오직 어휘의 정확한 의미에만 의거해서 특별히 부정하지 않아도 인정은 아닌 식으로 대답했다. 그리고 한편으론 업무적으로 갖추어야 할 고집(끈기와 강단)의 긍정적 효과와 그 구비 여부에 대한 답을, 또 한편으론 원 질문—질문인지 시비인지 구분하지 못하겠으나—에 대한 완곡한 부정의 답까지 함께 전달되도록 한 것이다.

하지만 오직 그 의도뿐이었다. 자기 보호 외에는 어떤 목적도 없었다. 이미 답변하는 행동의 의의는 소실된 지 오래였다. 말이 왔으니 되돌려줄 뿐이었고 그가 대답을 어떻게 받아들일지도 관심 밖의 일이었다. 만약 수긍하지 않더라도 그 역시 상관없으며, 추가적인 발언으로 이해시킬 용의 또

한 전혀 가지고 있지 않았다. 나는 그저 이 무의미한 만남과 시간이 서둘러 종료될 수 있게 최소한의 절차적 의무를 지킬 뿐이었다. 그리고 어떤 내색도 하지 않고 변함없이 집중하는 모습으로 충실히 임하는 건 내게 결코 어려운 일이 아니었다. 싸움을 피하려 이미 강을 건너왔으니, 상대가 쫓아오지만 않으면 그 상태로 소강할 것으로 생각했다.

"고집이 세서 직장 생활하기 힘들었겠어요." 그가 아랑곳하지 않고 똑같은 얘기를 반복했다. 내 답변을 전혀 듣지 않은 듯했다. 아집이 센 것은 정녕 누구인가. 속에서 꿈틀거리던 것이 척수를 타고 급속히 올라왔다.

"전 그런 사람 아닙니다." 굉장히 딱딱하고 단호한 말투에 그는 약간 당황한 듯 곧바로 입을 떼지 못했다. 시선은 여전히 손에 쥔 종이 쪼가리에 멈춰 있었다. 그렇게 수 초가 흘렀다.

"제가 봤을 때는 대표님이 사람 볼 줄 전혀 모르시는 것 같습니다."

나는 그가 이번만큼은 결코 쉽게 흘려듣지 못하도록 독바늘 가득 세운 혓바닥으로 그의 귓구멍을 향해 아주 차분하고 또렷한 냉소를 쏘아붙였다. 그것이 내 위치에서 면접관에게, 더욱이 대표에게 가할 수 있는 가장 치명적인 조롱이었다. 두터웠던 이성을 그렇게 끊어버리고 욕망을 받아들이는 데는 결심 따위를 할 필요도, 그런 찰나도 필요치 않았다. 끓어올라 기회만 벼르던 무언가가 뇌도 거치지 않고 쏟아져 나오는 것 같았다.

면접이야 어떻게 되든 이제는 전혀 관심 밖이었다. 시종일관 무례하고 무시하는 태도로 인한 모욕적 감정의 해소가 최우선이었다. 나는 훨씬 독하고 서슬 퍼런 말로 그 거만함과 오만함을 뿌리째 분쇄해 버리고 싶다는 충동, 그리고 내가 먼저 "여기까지 하시죠"라는 말로 면접을 끝내고 나가버리는 충동 중 무엇을 택하는 게 현 상태에서 더 파괴적이고 짜릿할지 고민하며 두 사람의 상태를 살폈다.

여직원은 여전히 입을 굳게 다물고 있었으나 눈에는 놀라움이 가득했다. 그녀는 '이런 지원자는 처음 본다' 싶은 충격을 억제하는 티가 역력한 표정이었다. 하기야 이런 식으로 말하는 면접자를 살면서 과연 몇 번이나 보겠냐 마는, 나 역시 이따위 면접관(대표)이 있을 거라곤 상상도 하지 못했고 어디 싸구려 철학관에서 사주팔자라도 보는 듯한 면접을 치르는 것도 처음이었다.

"음, 그래요." 대표는 부동자세로 아무렇지 않은 척하고 있었지만 조금은 당혹스러운 눈치였다. 나는 그의 눈빛이 이전보다 약간 흐트러진 것을 분명히 보았고 그것으로부터 **사악한 쾌감**을 느꼈다.

한번 독성이 퍼진 신경계는 쉽게 유해지지 않았다. 나는 그가 또 한 번 비슷하게 굴 경우, 직원 앞에서 훨씬 더 치욕적인 망신을 주고 자리를 뜨려 작정하고 있었으나 끝내 실현되지는 않았다. 이후 그는 다시 거리를 두며 선을 지켰고 형식적인 질문 몇 개를 마지막으로 면접은 어영부영 끝나버렸다.

직원은 곧바로 자신이 안내해 드리겠다며 나와 같이 일어나 회의실을 나섰다. 그 순간까지도 대표는 그 자리에 그대로 앉은 채 딴 곳만 보고 있었다. 그 모습을 보자 조금 전 충동대로 실행해 버리지 않고 마지못해 참은 것이 못내 아쉬워졌다.

여직원은 다시 공유 오피스 출입문까지 나를 배웅해 줬다. 그녀는 애써 웃어 보이며 결과가 나오면 연락드리겠다고 인사했지만 말 그대로 처음 마중 나왔을 때만큼 자연스러운 미소는 아니었다. 그것이 빈말 섞인 인사치

레란 점은 둘 다 잘 알고 있었다. 나는 순간 "연락 안 줘도 괜찮다"라고 말하고 싶은 또 하나의 작은 충동이 일었다. 하지만 스스로 속이면서까지 예를 다하는 사람의 얼굴을 앞에 두고 차마 그렇게 하기는 힘들었다. 나는 괜히 불편한 상황에 처하게 만들어 미안하다는 눈빛으로 묵례하고 그곳을 떠났다.

이후 나는 당시 거주지로 돌아갔으나 집에 들어가는 대신 근처 상점가를 마냥 걸었다. 곧장 텅 비고 협소한 집에 홀로 틀어박히기엔 아직도 해는 밝았고 마음은 침침했다. 그러다 하필 지인과 마주치는 통에 한시라도 빨리 잊고 싶었던 최악의 경험을 금세 또 떠올리게 됐다. 어딘가 다녀왔냐는 인사에 나는 순순히 대답했고 잘 봤는지 묻는 말에는 "너무 짜증 나게 해서 그냥 던져버렸다"라고 쓸데없이 직설적으로 실토해 버렸다. 그리고 그것은 **또 한 번의** 명백한 패착이었다. 조금 전 면접에서처럼 내키는 대로 내뱉으면 기분이 한결 나아질 줄 알았으나 오히려 자신을 너무나 경박하고 한심한 사람으로 보이게 만들 뿐이었다.

나는 이 면접 이후 몇 달 뒤 충동적으로 취직 포기를 결심하여 모든 구직 사이트에서 탈퇴해 버렸다. 그 바람에 1차 구직 시기부터 그때까지의 지원 이력이 전부 삭제되어서 그 기간 내의 모든 정보는 온전히 기억력에만 의존해야 한다. 다행히 아직은 면접 본 회사들의 이름/위치/업종/면접관 등 관련 정보가 잘 보존되어 있지만 유독 이 회사만큼은 그렇지 않다.

물론 명함을 받기는커녕 기본적인 인사조차 없었으니 대표의 이름은 아예 듣지도 못했지만, 꼭 그래서라기보다는 상술한 대화 말고 머릿속에 저장된 정보량이 다른 건들에 비해 현저히 적다. 소소한 이유야 몇몇 있겠으나 결국은 나 자신이 너무 부끄러운 나머지 기억을 다 지워버린 것이 결정적인 원인이다(여직원의 명함은 받았으나 당일에 꾸겨서 버려버렸다).

내 과오로 인해 이날 나는 중요한 것들을 스스로 잃어버렸다. 이제껏 쌓은 업무적 마일스톤을 비롯해 그 면접 자리에 앉기까지 쏟은 노력과 자신의 가치를 형편없는 것으로 전락시켜 버렸고, 함께했던 동료들 그리고 부모님의 명예마저 먹칠해 버렸다. 그에 반해 얻은 것이라곤 그저 참지 못하고 비아냥댄 그 순간의 아주 일시적인 통쾌함뿐이었다.

패배자에게 이유나 변명은 있을 수 없다. 유혹에 넘어가 똑같이 저급해진 건 나 자신이고, 그 대표와 직원에게 나란 사람은 영원히 그 인상으로 남는다. 그리고 남 탓하며 내 행동의 정당성을 다른 사람에게 설파하는 건 정말 아무짝에 쓸모없는 촌스러운 짓이다. 끝까지 참는다면 그곳에서만 잠시 불쾌하고 말지만, 맞붙는 경우엔 정반대가 된다. 당당한 패배는 얼마든 괜찮다. 그러나 자초한 패배는 큰 부끄러움만을 남긴다. 수모를 당할지언정 수치를 느끼긴 말아야 한다.

품위를 지키기 어려운 세상이란 걸 잘 안다. 어쩐지 나 혼자만 지키는 것 같고 또 그러는 게 바보 같다는 생각이 든다는 것도 안다. 그러나 뚜렷한 목적이 있고 그 달성을 위해 뛰어들었다면 이유 불문하고 이겨야 한다. 편견이라는 악의 폭력을 견뎌내야 한다. 그들과 똑같이 행동하면서는 결코 이길 수 없다. 할 건 다 하면서 무언가를 바라는 건 이기적인 욕심이고, 그들과 같은 무기로는 승부가 나지 않는다.

그들에겐 품위가 없다. 그러니 품위를 지켜라. 언제나 결국엔 품위만이 승리하는 법이다.

챕터 3.

확증편향과 싸우다

[그것만이 내 세상 上]

△△기업은 오랫동안 제조 분야의 사업을 영위해 왔다. 그러다 특정 시점부터 동종 업계 타 브랜드는 물론이고 기존 사업과는 상당히 거리가 먼 회사들을 인수하며 세를 확장하기 시작했는데, 그중에는 연예기획사도 포함되어 있었다.

그렇게 불어난 포트폴리오 중 한 계열사가 나를 찾은 건 3차 구직 시기인 2020년이었다. 특이점은 처음 연락해 온 Y가 당사 정직원이 아니었다는 것이다. 알아보니 그는 어느 유명 배우의 2010년 작 영화에서 촬영 감독을 맡았던 사람으로, 당시에는 영상 제작 및 촬영 장비 서비스가 본업인 별개 타사의 대표였고 사무실도 △△기업과 멀리 떨어진 지역에 따로 존재했다.

Y는 내게 당사가 기존의 올드한 이미지를 탈피하고자 젊은 세대 공략 및 소통을 위한 생활 밀착형 온/오프라인 신사업을 추진 중이라며, 당사 정

규직으로 이 사업의 콘텐츠 기획자 역을 담당할 분을 찾다가 연락드렸다고 밝혔다.

약 일주일 후 비가 추적추적 오던 날 나는 △△기업 본사 로비에서 Y와 만났다. 그는 30대 후반 또는 40대 초 정도였고 통통한 체형이었다.

1층 로비는 층고가 상당했는데, 그보다 눈에 띄었던 건 안내데스크 뒤 벽면에 붙은 △△기업 산하의 모든 계열사 및 브랜드명 장식이었다. 나는 옛날 폭주족들이 맞춰 입던 자켓 뒤에 연합 패거리 명을 자수로 새기거나 야쿠자들이 사무실에 '구미組'라 부르는 형제 조직 명패를 걸어 놓던 걸 연상하며 P와 함께 엘리베이터를 탔다.

이어 올라간 중간층의 한 작은 회의실에는 당사 소속 매니저 C가 기다리고 있었다. C는 나와 비슷한 또래에 173센티 정도 되는 키, 평범한 체구였다.

아무래도 먼저 연락한 만큼 면접은 전형적이라기보다 사업과 직무에 대한 C와 Y의 설명이 거의 주를 이뤘다. 요지는 사전 설명대로 당사가 젊은 층 고객 확보를 위해 런칭한 신규 브랜드 아래에서 미디어팀이 주력이 되어 다양한 콘텐츠 사업을 진행한다는 것이었다. 그중 당장은 유튜브가 중심이 될 것 같다며, 그런 차원에서 신규 브랜드의 유튜브 공식 계정도 팔로워 있는 계정을 구매했다고 했다. 나는 그제야 외부 인사인 Y가 어떻게 이 사업과 채용 프로세스에 끼어있는지에 대한 의문이 풀렸다.

C와 Y는 이어서 설명하길, 연기자 경력이 있는 한 재적 이사가 꽤 미남이고 연예인 친구들도 있는 데다 엔터테이너 기질이 있어서 우선 그분의 개인 유튜브를 제작할 계획이라고 했다. 나는 신규 브랜드의 유튜브 채널

을 이미 운영 중인 마당에 군이 왜 장삼이사에 불과한 일개 임원의 개인 채
널을 추가로 제작하려 하며, 그것이 신규 브랜드 사업과 얼마나 직접적인
연관성을 가질 수 있고 과연 신규 브랜드 성장에 얼마만큼 실효적일지 의
아했다. 하지만 인터랙티브(Interactive, 상호활동적) 콘텐츠가 여러 업계의 PR
트렌드인 만큼 결국은 신규 브랜드 안에서 모든 게 버무려질 것이라 보고
―그럴 계획을 마련해 뒀을 것이라 보고―넘어갔다.

면접은 실무적인 내용을 충분히 다루면서도 약 40분 정도로 비교적 짧
게 끝이 났다. 전문적인 대화로 핵심들을 압축하여 효율적이고 속도감 있
게 진행한 덕분이었다. 이후 C는 회의실을 나와 인사한 다음 같은 층의 사
무실로 돌아갔고 Y와 나는 다시 내려가기 위해 엘리베이터 앞에 섰다.

"사실 오늘 신규 브랜드 편집장님이 면접에 참석하시기로 했었는데 몸
이 안 좋아 입원하시는 바람에 못 오셨거든요. 제가 (면접이) 끝났다고 잠깐
전화를 좀 드릴게요."

면접을 준비하는 동안 조사한 바로는, 이 편집장은 본래 출판업계에서
근무하다 신규 브랜드 사업이 기획되며 적을 옮긴 인물이었다. 그는 신규
브랜드 유튜브 채널에 업로드된 몇몇 영상에 등장하고 있었는데, △△기업
이나 해당 계열사의 대중적 인지도를 고려할 때 그것이 무색할 만큼이나
그 촬영 장비나 편집 기술, 콘텐츠 기획 등의 수준이 조악했다.

"혹시 괜찮으시면 지금 편집장님하고 면접 보실 수 있을까요? 편집장님
이 한번 보고 싶다고 하시는데." Y가 통화를 끝내며 물었다.

"지금 여기로 오신다고요?"

"아뇨, 병원에서요."

"아니 몸도 안 좋으신데 어떻게…."

"아, 뭐 그렇게 크게 아프신 건 아니고요. 괜찮으시겠어요?"

나는 병원같이 어수선한 곳에서 제대로 된 면접이 가능키나 하겠냐는 생각이 들었지만, 오히려 그래서 훨씬 수월할 것 같았다. 게다가 병원은 본사 위치와 가까운 동네에 있었고 어느 시일에 한 번 더 와달라는 말을 며칠 뒤에 듣게 되느니 쇠뿔도 단김에 빼는 것이 더 나았다. 그리고 결정적으로 이런 특이한 경우는 처음이라 약간은 호기심이 일기도 했다.

Y의 SUV로 병원으로 이동하면서 나는 과연 병원 안에 면접 볼 만한 공간이 있을지 떠올려 보았다. 하지만 이내 애당초 코로나로 외부인 출입이 어려울 거란 생각이 들었고, 서둘러 병원 근처에 무엇이 있는지를 검색해 봤다. 시간이 많지 않았다. 나는 조수석에 앉아 로드뷰로 카페 프랜차이즈와 크기 등 주변 환경을 살피며 머릿속으로 면접 시뮬레이션을 돌렸다.

그렇게 15분 정도 지나 병원 근처에 다다랐다. 비라도 와서 약간이나마 더 시간을 번 것 같았다. Y는 병원 건물 건너편 찻길 가에 시동을 켠 채 정차했고 편집장에게 전화를 걸어 위치를 알렸다. 그렇게 큰길은 아니었으나 교통량은 꽤 됐고, 우회전 차로 바로 직전이라 계속 차를 세우고 있기엔 부적절한 곳이었다.

그 상태로 몇 분 기다리자, 건너편에서 환자복을 입은 편집장 F가 나타났다. 그녀는 작은 키의 중년 여성으로, 플라스틱 슬리퍼를 신고 우산도 없이 비를 맞으며 건너와 뒷자리에 올라탔다.

"이쪽이 오늘 면접 보신 분입니다." Y가 나를 소개했다.

"안녕하세요." 나는 불편한 자세로 뒷자리를 돌아보며 인사했다.

"오, 그래요. 괜찮은데?" 그녀는 밝게 미소 지으며 인사했고 나를 관심 있게 바라보았다.

"마음에 드세요?" Y가 웃으며 물었다.

"응, 난 좋아. 너무 괜찮은 거 같은데."

이어 Y는 F에게 좀 더 편하게 보시라며 운전석 자리를 내줬고 둘은 자리를 바꿨다. 카페 등지로 가지 않고 계속 차에 머물려는 모양이었다. 물론 면접관이 입원한 데다 어딜 가든 방역 수칙이 시행 중이고 궂은 날씨까지 겹친 마당이니 그냥 차에서 해결하겠단 생각도 이해는 됐다. 하지만 그다음 행동은 차마 그러기 어려웠다.

운전석으로 온 F는 내게 동의를 구한 다음 창문을 적당히 내리고 담배에 불을 붙였다. 그녀는 병원에서 담배를 못 피우게 한다고 볼멘소리를 냈고, 뒷자리에 앉은 Y로부터 조금 전 본사에서의 면접 브리핑을 들으며 밖으로 연기를 뿜어댔다. 그녀는 그러면서 내게 한두 가지 질문을 하긴 했으나 실무적인 것과는 거리도 멀었고, 이미 나를 처음 보자마자 긍정적인 반응을 보였기에 '면접관의 질문'으로서의 효력은 상실한 상태였다.

누군가가 나를 마음에 들어 한다면 일반적으로 그것은 기쁘고 감사한 일이다. 하지만 한 사업의 책임자 정도 되는 사람이 직원을 선별하는데 단순 첫인상만으로 즉각 호감을 표한다면 무작정 다행으로 여길 일이 아니다. 게다가 대면하기까지의 과정 등도 너무나 즉흥적이고 허술했으며 진중함을 찾아보기 어려웠다. 신물경속 하지 않는 리더와 조직은 내외적으로 그 능력과 안정성이 의심받기 마련이다. 그래서 나 역시 그 어느 때보다 수월한 면접임에도 조직에 대한 신뢰가 생기지 않아 한편으론 불안이 가시지 않았다.

"그러면 서류 준비해서 바로 입사 진행하겠습니다." 얼추 끝나는 분위기가 되자 Y가 말했다.

"그래, 그래." F는 열린 창가에 있느라 비에 젖은 환자복을 손으로 털며 호응했다. 그러고는 총총걸음으로 비를 맞으며 다시 병원으로 돌아갔다.

다시 본사 건물로 가는 길에서 Y는 연봉 얘기를 꺼냈고, 도착해서는 근로계약서 작업 후 연락드리겠다는 인사를 끝으로 헤어졌다. 그런데 며칠 뒤 그에게 받은 연락은 완전히 다른 내용이었다. 본부장이란 사람이 나를 보고 싶다고 하니 2차 면접을 위해 한 번 더 와달라는 것이었다.

기존 계획에 없던 단계와 면접관이 갑자기 추가되어 튀어나오는 건 결코 좋은 징조가 아니다. 그 유명한 사명이나 오랜 연혁과 전혀 부합하지 않는 무질서가 상황을 혼잡하게 하며 흔들어 댔고, 나는 본능적으로 일이 엉망이 되어가고 있음을 느꼈다.

그다음 주 본사에 재차 방문했을 때는 주먹구구식 과정으로 인해 이미 당사와 채용에 대한 신뢰와 기대가 거의 다 떨어져 나간 상태였다. 나는 지난번처럼 로비에서 Y와 만나 같이 엘리베이터를 탔고, 그는 1차 때 방문했던 층보다 훨씬 위에 있는 대형 컨퍼런스룸으로 나를 안내했다. 주로 이사회 등의 모임 시 중역들이나 들어가는 그곳에는 자리마다 마이크가 놓인 띠 모양의 거대한 타원형 테이블이 들어차 있었다. 말 그대로 중요 행사 시에나 사용하는 회의실이라 다대다도 아닌 일대다 면접과는 조금도 어울리지 않는 장소였다. 더욱이 참석한 인원이라곤 고작 나와 Y, 그리고 예정에 없던 2차 면접을 소집한 본부장과 그가 대동한 20대 후반 정도의 여직원까지 달랑 4명 뿐이었고, 정작 지난번의 매니저 C와 편집장 F는 쏙 빠져있었다.

나를 제외한 나머지는 전부 건너편에 일렬로 앉았다. 그런데 워낙 테이블이 커서 양측 간격이 먼 탓에 평소 면접처럼 평범하고 자연스러운 발성으론 도저히 반대쪽까지 음성을 전달할 수가 없었다. 설상가상으로 마이크도 전부 꺼져있는 바람에 결국 나는 대답할 때마다 마치 강의실에서 발표할 때와 같은 소리를 내야 했다. 게다가 당시는 오후 3시경이었는데, 동향으로만 난 창에 블라인드는 거의 다 내려놓고 그 바로 밖에는 다른 건물들까지 서 있어서 실내가 어두침침했는데도 회의실엔 등 하나 켜지 않았다.

비 오는 길가에 세운 차 속에서 본 면접과 정반대되는 종류의 비효율이 그 큰 공간을 가득 채우고 있었다. 고층 건물을 통째로 다 쓰는 회사에 고작 4명에게 적당한 회의실이 단 하나도 없을 리는 만무했다. 나는 그런데도 군이 불편함을 택하는 이유가 무엇이고 어떤 심리에서 비롯된 것일지 궁금했는데, 면접이 차차 진행되면서 본부장이란 인물을 통해 그 실마리가 풀리기 시작했다.

본부장은 건장한 체격의 중년 남성으로, 알고 보니 △△기업이 인수한 연예기획사에 소속된 인물이었다. 그런 그가 타 계열사 내부 채용에 대해 어떤 책임과 권한이 있는지는 끝까지 확인할 수 없었으나, 그에 적합한 자격이 있다고 여기기엔 보이는 모습이 상당히 모순적이었다. 실례로 한 젊은 남성 직원이 면접 중인 줄 모르고 문을 발칵 열고 들어오자, 그는 "왜? 면접 중이야, 면접"이라고 고압적인 말투로 쏘아붙였고 이내 '면접 중'이란 안내를 안 붙여놨냐며 핀잔 조로 혼잣말했다(Y가 이석해서 급히 표지를 인쇄해 붙인 후 복귀했다).

심지어 그는 해당 채용 포지션의 직무 내용도 전혀 모르고 있었다. 그는 면접이 한참 진행된 도중 Y의 설명을 듣고서야 그것들을 알아차렸고, 맞은 편에 외부인(면접자)이 있는데도 한심하다는 뉘앙스의 말을 스스럼없이 내 뱉었다.

"○○이(1차 면접 당시 C와 Y가 언급한 재적 이사) 거 유튜브 만들겠다고 (사 람을) 뽑겠단 거냐 지금?" 비록 Y 쪽을 쳐다보며 말하진 않았으나 사실상 편집장 F와 휘하 사업팀 전체를 싸잡아 면박 주는 것이었다. 그리고 그건 결국 나의 채용 필요성이 미미하다고 말하는 것과 다름없었다.

채근하는 어조에 Y는 꿀 먹은 벙어리가 되어버렸고 이후 그는 면접이 끝날 때까지 입도 뻥긋하지 않았다. 멀리 떨어져 앉은 나는 그 모든 장면을 유심히 바라보며 몇 가지를 확실히 판단할 수 있었다.

우선 가장 먼저 든 생각은 타 계열사 소속임에도 이 본부장이 편집장보 다 서열이 높고 영향력이 강하다는 것이었고, 둘째는 저들 이면에 사내 정 치적인 무언가—아마도 알력이—가 존재한단 것이었다. 그리고 마지막은 바로 그러한 자가 딱히 사람을 뽑을 마음이나 면접에 집중할 생각이 없어 보인단 점이었다. 아무래도 어려워지는 상황 속에서 나는 이곳에 내가 와 있는 이유가 점점 흐릿해져 가는 걸 느끼며 잠자코 앉아 있었다.

"여기 있는 건 다 직접 디자인 작업하신 건가요?" 본부장과 함께 온 여 직원이 내 포트폴리오 중 일부분을 언급하며 물었다. 당일 그녀의 처음이 자 마지막 질문이었지만 '기획자'라는 채용 직무와는 아무 상관도 없는 공 허한 물음이었다.

"□□이 너도 이 정도 할 줄 아냐?" 내가 그렇다고 대답하자 곧바로 본부장이 그녀에게 물었다.

"아, 그럼요. 당연히 하죠. 절 어떻게 보시는 거예요."

"아, 그래?"

면접자를 앞에 두고 둘은 그렇게 잡담하며 서로 키득거렸고 이후 흐름도 이와 같은 양상이었다. 본부장이란 사람은 언어적 · 비언어적 행동이 그 직함과 나이에 어울리지 않게 상당히 거칠고 서툴렀으며 일방적이기까지 했다.

그는 그간 내가 맡아온 직무 가운데 현재 자신이 속한 계열사와 아주 국소적으로 교집합 되는 부분에만 주목해 질문을 던졌다. 당연히 편집장이 있는 계열사의 신사업과는 전혀 무관한 것들이라 질의응답 내용이 해당 채용 포지션의 핵심 역량이나 주 업무와는 동떨어질 수밖에 없었다. 그런데 더 기가 찼던 건 그마저도 그의 확증 편향적 사고방식으로 인해 상호 교류와 그 목적이 정상적으로 기능하거나 실현되지 못했단 사실이다.

실제로 한번은 본부장이 컨설팅에 관해 물어와서 그와 관련해 수행한 상세 업무와 더불어 가장 최근 있었던 사례를 설명했더니, 그는 "그건 내가 알고 있는 컨설팅이 아닌데."라며 일언지하로 깡그리 무시해 버렸다. 자신이 인지하는 좁은 범주를 보편화해서 그 영역 안의 일부 식견만을 절대적 기준으로 삼는 식이었다.

"뭐, 컨설팅이라는 일이 꼭 한 가지 종류만 있는 건 아니니까요." 나는 침착하게 부연했다.

"그래서 어떻게 됐나요, 그때 그 일은?" 그는 원 채용에 대해서는 별 관심이—정확히는 해당 사업과 직무에 대해 아는 것이—없어 보였다. 오직 자신이 재적 중인 연예기획사의 주 사업영역과 관련된 얘기만 필요 이상으로 붙잡고 늘어질 뿐이었다.

"결국, 위약금 없이 엔터 A사와 연기자 B 씨가 계약을 해지하면서 잘 마무리됐습니다."

"그게 **잘** 끝난 건가요?"

"그 방향이 양측 모두가 원하던 것이었습니다."

"그래요?" 그는 끝까지 자신에게 국한된 기준을 고집하며 이야기를 받아들이려 하지 않았다.

두세 번의 질문들이 계속 그런 식으로 펑퐁하다 귀결되니 답변에 있어 운신의 폭이 점차 축소될 수밖에 없었다. 그 바람에 곧이어 또 다른 질문을 받았을 땐 대답할 문장을 더욱 신경 써서 정제해야 했다. 하지만 그런 세밀한 조정과 노력마저도 모든 걸 제멋대로 생각해 버리는 틀 안에선 무용지물이었다.

"자신 있게 대답하세요, 자신감 있게." 본부장은 선심 써서 가여운 사람을 북돋기라도 하듯 톤을 높였다. 마치 훌륭하고 너그러운 면접관으로서 주눅 들어 우물쭈물하는 지원자를 지금껏 갸륵히 여기며 많이 인내해 온 것처럼.

"아니 뭐 다 아니라고 하시니 어떻게 말씀드려야 할지 모르겠네요." 나는 터져 나오는 작은 실소를 부드러운 웃음으로 자연스레 위장하며 에둘러 댔다. 하지만 본부장은 정말로 자신이 겸연쩍어하는 소심한 지원자의 정곡을 찔렀다고 여겼는지 옆에 앉은 여직원과 함께 소리 내어 웃으며 자신 있게 하라는 말을 반복했다. 내 웃음의 본질을 조금도 알아채지 못하는 듯했다. 그것은 단지 테이블이 너무 거대하고 멀찍이 떨어져 있어서가 아니었다. 그가 좁디좁은 자기 세상 속 깊숙이 파묻혀 있는 탓이 훨씬 컸다.

'면접관官'이라는 직위는 처음 보는 타인을 짧은 시간 살펴보고 정확히 판단해야 하는 막중한 임무를 수행한다. 그만큼 어마어마한 권능과 책임을 부여받다 보니 본인이 무지하거나 낯선 분야에 관해선 질문하길 꺼리는 경향이 생긴다. 아는 체할 수도 없을뿐더러, 괜히 얘기 꺼냈다가 본전도 못 찾고 위신만 떨어질 수 있다는 염려 탓이다. 하지만 그것은 기우이자 오판이다. 면접장에 앉아 있는 한 지원자는 결코 면접관을 쉽게 볼 수 없다. 그래서 능숙한 면접관들은 특별히 본인의 관심사가 아니어도 의도적으로 소소한 질문을 던지는 요령들이 있다. 면접자의 긴장을 해소해서 깊은 대화를 유도하고 내면으로부터의 솔직한 대답을 이끌기 위해서다.

문제는 그런 실력과 자격이 미달인 자들이 그 감투官를 쓰고 있는 경우가 상당하다는 점이다. 이들은 프로페셔널리즘(Professionalism, 전문적인 직업의식)과는 거리가 멀어서 자신이 어두운 영역은 아예 기피 및 회피해 버리고, 면접에서 질문의 기능이 얼마나 중요한지도 간과하고 있다. 그래서 그들이 리드하거나 무늬만 면접관으로 참석하는 경우, 파악해야 할 핵심을 쉽게 놓치는 상황이 자주 발생하기도 한다. 그래도 그 정도로만 그친다면 차라리 다행이다. 자신만의 세상을 잔뜩 끌어들여 와 펼쳐놓기까지 한다면 사실상 그 안에서 면접자가 할 수 있는 일은 아무것도 없다.

나는 지금까지 MICE/플랫폼/컨설팅/뉴미디어/매니지먼트 산업군을 경험했다. 분야별 핵심에 따라 구체적으로 분류했기에 매번 다른 일을 한

듯 보이지만 실제로는 전혀 그렇지 않다. 내가 참여한 건 저들 중 두세 가지 이상의 영역이 융합된 단일 사업들로, 언제나 인터넷 기반 서비스 운영을 그 사업의 중심축으로 하는 ICT 업계에 속해왔다.

이처럼 오늘날에는 상당 부분 온라인에 의존하고 그 속에 존립하는 형태의 사업과 기업이 많다. 하지만 그중 숱한 회사가 ICT 플랫폼이라는 똑같은 구조의 사업을 하면서도 정작 경력직 채용 시엔 동일 업종 유경험자만을 고집한다.

그들은 오래전 존 스컬리John Sculley가 콜라를 파는 펩시 CEO에서 디지털 기기를 파는 애플 CEO로 이직했던 것처럼, 오늘날 숙박업 플랫폼 서비스 회사 마케터가 양조업 플랫폼 서비스 회사 마케터로 이직하거나 신발회사 디자이너가 자동차 회사 디자이너로 이직하는 논리와 현실을 애써 부정하고 외면한다. A는 A에게만, B는 B에게만 적용될 수 있다는 갇힌 세상속 갇힌 생각을 하는 갇힌 회사인 셈이다(주로 오래되고 규모가 있는 회사일수록 이런 성향이 짙다).

최근엔 '작은 조직화'로 인해 두 가지 직무를 동시에 맡는 투인원(2 in 1) 포지션 채용이 늘어나는 추세이다. 이런 배경 때문에 업계에서는 '제너럴리스트Generalist'와 '스페셜리스트Specialist'라는 표현의 사용이 점점 증가하고 있는데, 갇힌 회사는 유틸리티 플레이어를 선호하지 않으므로 오직 자신들의 인지 기준에 따른 직무 구분에 들어맞는 스페셜리스트만 취급한다. 지원자들의 명암이 상대적으로 극명하게 갈릴 수밖에 없다.

나는 업계에서의 나의 포지션을 '기획자 겸 관리자'로 규정한다. 사업기획/서비스 기획/콘텐츠 기획/브랜딩/사업개발/서비스 운영/조직관리 모두를 전문으로 하며, 콘텐츠 편집/디자인/마케팅을 준수하게 다룬다. 그래서 ICT 기반 사업이라면 전술한 전문 역량과 관련한 어떤 직무도 능숙히 수행할 수 있다. 유행에 맞춰 표현하자면 '스페셜 제너럴리스트'인 셈이다.

이것은 결코 대단한 게 아니다. 한 학생이 복수 전공을 하거나 각기 다른 여러 기능사 자격증을 취득한다든지, 한 명의 셰프가 세계 각국의 요리를 만들어 내는 일과 다를 바 없다. 특히 직접 창업해 스스로 일해봤거나 종사 기간이 오랜 경우처럼 개척 정신과 의지가 있는 사람이라면 누구든 학문적이나 기술적인 스펙트럼을 개발 및 확장할 수 있다. 다방면에 전문성을 가진 융합형 인재로 거듭나는 것이다.

나는 어려서부터 각기 다른 용량을 구비하고 그 속을 채우겠다는 열망과 경쟁심이 강했다. 그리고 운 좋게도 성장 과정 중 그런 다중 계발을 가능케 하는 높은 수용력이 길러졌다. 수용력은 인내심으로부터 나오고 인내심은 불완전성에서 발원한다. 지금도 마찬가지지만 난 정말 큰 불완전성을 가지고 있었다. 현재의 나는 사실상 주변 사람들이 백지장 같던 내게 한 획씩 채워 넣음으로써 형성된 인격체이다. 그것이 협동과 경쟁, 집단 속 상호유대의 가치를 중요시하게 된 이유다.

그래서 나는 면접 시 지원 직무 외적으로 다양한 질문을 받는 일이 심심치 않게 있고, 면접관이 의도했든 안 했든 그러한 사회적 소통에 감사와 즐거움을 느낀다. 그러나 △△기업의 경우는 달랐다. 나는 연예기획사에 지원한 것도 컨설팅 관련 직무에 지원한 것도 아니었다. 그러함에도 성실히 응하며 신중히 답했으나 상대는 자신만의 벽 뒤에서 막무가내식 주장만 투척하는 반사회적 행동을 일삼을 뿐이었다. 그래서 그로부터 몇 년 후 △△기업과 그 관계자들의 비위 의혹 뉴스가 쏟아지며 세상을 떠들썩하게 했을 때, 나는 조금도 놀랍지 않았다.

[그것만이 내 세상 下]

코로나19 여파로 더욱 극심해진 구직난은 개선될 기미가 없었다. 계속해서 취직에 실패하던 나는 혹여나 실무 감각을 잃어버리지 않을까 초조해지기 시작했다. 어쩌면 인생에서 신체적·정신적으로 가장 업무에 뛰어난 시기를 하염없이 흘러가게 할 순 없었다. 나는 일을 할 수 있는 사람이고, 그렇다면 **나는 일을 꼭 해야만 한다**. 어떻게든 그래야 했다.

기회가 오지 않으면 직접 만드는 수뿐이다. 비록 그조차 실패하거나 별 효과가 없더라도. 그래서 다시 한번 스스로 일거리를 만들기로 했다. 하지만 언제라도 갑자기 취직될 수 있으니 예전 스타트업 때처럼 모든 시간을 할애해서 매진해야 하는 일은 피해야 했다. 보유한 인사이트와 최소 자본만으로도 능히 실행할 수 있으면서 구직 활동에 제약이 없는 업무여야 했다. 그래서 2020년 말 대중문화예술기획업 면허를 취득하고 매니지먼트·

뉴미디어 콘텐츠 기획 및 제작 · 컨설팅을 주업으로 하는 G사를 차렸다.

　취직이 안 된다고 마냥 발탁되기만을 빌며 기다리지 말아야 한다. 끊임없이 무언가를 하며 자신의 가치와 능력을 시험 및 증명하고 고취하려 애써야 한다. 만약 아이디어와 그 사업화에 필요한 스킬셋이 있으면 소소한 개인 프로젝트를 진행해서라도 직접 일터와 일거리를 생산하고 구직과 병행하는 게 좋다. 그러면 비록 더 고될 순 있어도 그만큼 많은 걸 배울 수 있고, 무엇보다 매너리즘을 피할 수 있다.

　구직은 그 자체로 정신적 피로도가 굉장히 높아서 줄곧 그것 하나에만 초점을 맞추다간 생활이 지극히 단조로워진다. 그리고 그런 삶은 곧 자신의 모든 체계를 서서히 녹슬게 만든다. 게다가 구직자의 최우선 목표는 단연 취직이지만 안타깝게도 면접은 너무나 불규칙적이다. 그래서 그런 이벤트가 주간 어느 일시에 갑자기 추가되었을 때 건강하게 몰입해 최고의 퍼포먼스를 구현하려면, 오히려 면접과는 다른 자극을 주입해 신경이 분할되는 생활 사이클을 평소 자신에 맞게 최적화해 두는 것이 필요하다. 궁극적으로는 단 하나의 목표를 지향해야 하지만 그 하나의 목표가 결코 전체를 지배해 버리지 않도록 하는 것이다.

　특히 구직 사이트를 절대 온종일 붙잡고 있어 버릇해선 안 된다. 나의 경우엔 기본적으로 07시부터 09시까지는 운동 시간으로 비우고, 10시부터 22시까지를 면접 준비 및 실제 면접 시간과 G사 업무 일과 시간으로 사용했다. 그리고 업계 업데이트가 완전히 멈췄다고 볼 수 있는 22시부터 딱 한 시간 동안만 채용 공고를 최신순으로 정렬해 종전 확인 정보 바로 전까지를 빠르게 살핀다.

그다음 주말 이틀은 운동과 일과 모두를 쉬는 대신 아르바이트를 하면서 머릿속을 비우고 뇌를 쉬게 만든다. 대부분의 매장 서비스직 일은 난도가 낮고 단순한 대신 빠른 전산 처리만 요구하기 때문에 고차원적 사고 능력은 쓰지 않고 두뇌 회전 속도만 높일 수 있어 좋다. 개인적으론 이런 식으로 습관 들였을 때 주말보다 RPM이 상대적으로 낮은 평일에 생산성과 효율성 향상이 느껴졌다. 자동차 엔진은 제작 시 이미 고유의 특성이 정해진 채 출고되지만, 인간의 두뇌는 가장 좋은 출력을 뽑아내는 RPM 구간을 원하는 대로 설정할 수 있는 법이다(물론 그렇게 기계적으로 변화하려면 확고한 의지와 훈련이 필요하다).

그런 사이클이 지속된 지 2년이 훌쩍 넘었을 때였다. 어느 날 한 구직 사이트에서 면접 제의 알림을 받았다. 열어보니 놀랍게도 예전 그 △△기업 계열사의 신규 브랜드였고 제의한 인사담당자는 바로 편집장 F 본인이었다. 확인 결과 해당 사업부가 기존 계열사에서 자회사로 아예 분리 독립되어 기존 브랜드 사업을 계속 주관하고 있었다.

오늘날은 사실상 브랜딩이 사업의 전부다. 사기업부터 금융기관이나 공기관까지 브랜딩하지 않는 곳이 없다. 연예인이 특히 그렇지만 기업도 결국은 이미지 싸움인 셈이다. 그래서 일단 브랜딩만 성공하면 상품이나 서비스 질은 부차적 요소로 밀리게 된다. 반대로 브랜딩이 실패하면 뭘 내놓든 시장으로부터 외면받는다. 그런 측면에서 △△기업의 이미지는 생명이 다한 것과 같았다. 이미 △△기업 관련 뉴스가 세간을 도배한 지 몇 개월이 지난 시점에 그것은 너무나 부패한 오물로 얼룩져 있었다.

평소 나는 아무리 직무가 꼭 맞더라도 그 회사가 사회적 물의를 일으킨적 있거나 그와 관련한 문제가 있으면 일말의 고려도 하지 않고 지원 대상에서 과감히 배제해 왔다. 회사가 지원자를 그렇게 여기듯, 지원자에게도 역시 널리고 널린 게 회사다. 굳이 악명 높은 회사를 선택할 이유가 없는 것이다. 적어도 나는 아무리 궁핍해도 그런 곳에 적을 둘 마음이 없었다. 같은 맥락에서 다르게 말하자면 나는 어려우면 어려운 대로 살지 사회적 통념에 반하는 일을 하며 돈을 벌 생각은 없고, 그런 적도 없다. 그만큼 나는 내면과 외면의 일관성·통일성을 중히 여긴다.

이미지란 굉장히 중요한 것이다. 물론 언제나 내면이 훨씬 중요하지만, 보이는 것도 그에 못지않게 중요하다. 겉이 존재하는 이유는 입체적이고 복잡한 속을 늘 똑바로 보이거나 바로 보는 게 어렵기에 그 출력을 보완해 주는 역할이 필요해서다. 그러니 인간은 겉과 속 모두를 계발하고 동기화된 표출로써 가감 없이 자신을 표현할 권리의 책임을 다해야 한다. 이때의 표현법이 위선이면 삼류, 위악이면 이류, 정직하면 일류다. 그래서 일류는 진술해질수록 과묵하고 고독해진다. 세상은 작위로 가득 차 있기 때문이다.

하지만 그렇다고 속이 더 중요하다는 진실의 단편에만 선택적으로 집중한 나머지 겉을 지나치게 소홀히 하거나 내키는 대로 채색하고 소모해 버려선 안 된다. 그렇게 되면 매 순간을 설명하고 증명하는 데 소비하며 살아야 하고, 때론 그런 해명마저도 누군가에게는 단박에 외면받는다. **브랜딩**에 실패한 셈이다. 그래서 사람도 회사와 똑같이 브랜딩이 중요한 법이고 그에는 충분히 깊은 고민과 노력이 필요하다. 결국, 회사·서비스·상품에 있어선 '브랜딩'이라 부르는 이 과정이 개인에겐 곧 **자아실현**의 개념인 것이다.

　조직에 속하는 행위는 그래서 중요하다. 소속감은 자아실현의 핵심 중 하나이기 때문이다. 어떤 조직에 속할 것인지는 그다음 문제다. 하지만 △△기업으로부터 두 번째로 면접을 제의받았을 당시 나는 그렇게 올바르고 정상적인 판단을 할 수 없는 상태였다. 나는 오랜 야전 생활과 이후 챕터에서 설명할 몇몇 사건 탓에 심히 피폐해져 있었고, 물질적 가치에 강하게 이끌리며 위태롭게 흔들리고 있었다.

　결국, 평상시처럼 단칼에 거절하지 못하고 3일 동안이나 갈팡질팡 고민했다. F는 분명 나를 기억하지 못하고 있다. 그리고 더 이상 계열사 소속 '사업부'가 아니라 독자적인 '사업체'가 되었으니 이전의 본부장처럼 타 계열사 간부가 개입하기도 어려울 것이다. 분명 그럴 것이다. 지금 나에게 가장 필요한 건 다름 아닌 **돈**이다. 회사 이미지 따위야 알게 뭔가. 이마에 써 붙이고 다니는 것도 아니고. 사건에 연루된 자들은 이미 다 없는 사람들 아닌가. 게다가 이번 직무도 나의 전문 분야다. 헤드가 먼저 제의했으니 가능성도 크다. 하지만 크다고 해서 면접만 보면 꼭 붙는단 법도 없으니 이건 애초에 불필요하고 과도한 고민이다. 어차피 난 일개 직원일 뿐이다. 회사 이미지는 나와 아무 상관도 없고 그건 내가 어떤 사람인지를 결코 대변하지 못한다. 나는 돈을 벌 자격이 있는 사람이고, 그렇다면 **나는 돈을 꼭 벌어야만 한다**. 어떻게든 그래야 했다.

　일단 합리화하기 시작하자 자기모순까지는 일사천리였다. 제의 수락을 누르고 며칠 후 또 한 번 △△기업 본사를 향하고 있을 때, 갈등이 언제 있었나 싶을 정도로 자신감과 기대감이 마음속에 넘쳐흐르고 있었다.

　반면 △△기업의 주차장은 그런 내 마음과 달리 텅 비어있었다. 차가 가득했던 몇 년 전과는 완전 딴판이었다. 횅한 건 1층 로비도 마찬가지였다. 오가는 사람이 아예 없었다. 그 넓은 홀에는 안내데스크를 지키는 여직원 한 명, 그리고 한쪽 테이블에 앉아 커피를 마시며 재잘대고 있는 네 명의 젊은 여직원 무리가 전부였다. 가뜩이나 높은 층고 때문에 분위기가 더 썰렁하게 느껴졌다.

연락받은 번호로 전화하자 곧이어 안경 낀 마른 남직원이 내려왔다. 서른 언저리로 보이는 그는 꽤 경직된 모습으로 꾸벅 인사하며 명함을 건넸다. 매니저 L이라는 직함 아래엔 그의 지메일 주소가 찍혀 있었다.

나는 L과 함께 익숙한 개찰구를 지나 엘리베이터를 탔고 그가 몇 층을 누르는지 지켜보았다. 그리고 그는 또다시 그 거대한 임원용 회의실로 나를 안내했다. 모든 게 예전과 그대로였다. 그 적막함도, '면접 중'이라는 안내표지를 붙이지 않은 것도, 심지어 그 큰 공간에 작은 간접조명 한두 개만 켜둬 어두컴컴한 것까지 똑같았다. 지난번과 다른 점이라곤 테이블 위에 덩그러니 놓인 당사 브랜드 간행물 한 권뿐이었다.

"잠시 기다리시는 동안 보고 계시면 될 거 같습니다." L은 형식적인 투로 말하고는 곧바로 문을 닫고 나갔다. 지시받은 대로만 하느라 불도 없는 환경에서 자기 말이 어떻게 들리는지 전혀 자각하지 못하는 것 같았다. 나는 그래도 해당 브랜드의 현 상태가 어떤지 더 자세히 알면 뭐라도 도움이 되겠다 싶어 책을 펼쳤다. 그런데 딱히 빠르게 훑고 말자는 생각은 아니었지만 '간행물'이라는 매체의 특성치곤 타 브랜드들에 비해 양과 질 모두가 부실했다.

지난 첫 번째 면접 당시에도 이미 사업은 진행 중이었고 그 후 시간이 꽤 흐른 걸 고려한다면 이 정도의 콘텐츠 완성도나 대중적 인지도는 썩 좋다고 할 수 없었다. 게다가 직원들의 수준도 그렇고, 무슨 전기세 절약 내규라도 있는지 매번 동굴처럼 해두는 것도 그렇고, 여태 사명 또는 브랜드 명으로 된 자체 도메인 호스팅 하나 없이 지메일을 쓰고 있는 등, 명색이 '기업'의 여러 계열사 중 한 곳의 사업인 것치곤 쉽게 수긍하기 어려운 부분이 한둘이 아니었다.

형설지공의 기분을 느낀 지 몇 분 지났을 때였다. 바깥 복도에서 구두 소리가 들리기 시작하더니 곧이어 문이 활짝 열리며 한 손에 이력서 종이를 쥔 편집장 F가 들어왔다. 그녀는 178센티 정도에 안경을 쓰고 노트북을 든 남자 직원 한 명과 함께였다.

그녀는 문가 쪽 자리에 있던 나를 한번 쓱 보고 평범하게 인사하며 당당한 걸음걸이로 멀리 건너편에 가 앉았다. 예상대로였다. 그녀는 나를 전혀 알아보지 못했다.

F가 내 정면 왼쪽에, 남직원이 오른쪽에 앉았다. 본인들 소개는 없었다. 그 대신 F는 당사가 커뮤니티 플랫폼 서비스를 런칭할 예정이라며 이력서를 보다가 직무적으로 잘 맞을 거 같아 연락했다는 말로 면접을 시작했다.

"현재 팀을 만들어 가는 과정에 있는데 리드 자리는 벌써 찼어요." 그녀는 오른편에 있는 남직원을 가리켰다.

"대기업에서 스카우트했죠." 그녀는 마지막 말을 덧붙이며 살짝 웃음 지어 보였다. 자신에게 그런 직원이 있다는 뿌듯함이 역력했다. 나는 J사 시절 직속 상사 T가 본사에서 나를 데리고 다니던 모습이 떠올랐다. T는 내가 졸업한 학교까지 굳이 언급해가며 타 지사장들에게 일일이 나를 소개했는

데, 어느 비쩍 마른 여자 지사장은 마지못해 대단하다며 빈말로 T를 치켜
세워 줬다.

그런데 나는 왠지 F가 말하는 저 '대기업'이 일반적으로 손에 꼽는 곳은
아닐 거라는 생각이 들었다. 만약 진짜 그런 대기업이라면 굳이 이 회사에
올 이유도 없을뿐더러, 그런 곳에 **재직 중인 상태**에서라면 스카우트가 통
할 사람이 과연 몇이나 되겠냐는 의문 때문이었다. 하지만 일단 차치하더
라도 F의 그 첨언은 꼭 알아야 할 내용의 친절한 '소개'도 아니었거니와, 되
려 자사와 모기업에 대한 F의 자존심이 어느 정도이고 자신들을 어떤 위치
로 여기고 있는지가 드러나는 '실언'에 가까웠다.

사소하고 불필요한 것이라도 굳이 그렇게 내세우고 싶어 하는 허영은
과대하지만 속은 어둡고 텅 빈 대회의실과 꼭 맞아떨어지며 하나의 배경을
이뤘다. 그리고 그 앞의 피사체 F는 지난 첫 번째 제의 때 병원 앞에서 느꼈
던 대로였다. 한 사업체의 장이라기엔 너무나 가벼워서 부하 직원으로서는
믿고 따르기 불안한 인물이었다. 그런 사람을 일찍이 만나봤으면서도 그
캐릭터를 까맣게 망각하고선 면접 제안을 거절하지 않았다는 게 스스로 기
가 찼다. 그리고 다시 한번 그것을 확신한 순간, 나는 하루빨리 생활고에서
탈피하고자 하는 절실함을 명분 삼아 이곳까지 온 게—제의를 수락하기 위
해 합리화한 게—큰 실수였단 걸 깨달았다.

정작 중요한 것들을 경시한 대가가 느껴지기 시작할 때 F는 내게 자기소
개를 요청했다. 그러고는 내 입이 떨어짐과 무섭게 이력서에 코를 박고 집
중하기 시작했다. **대기업**에 다니다 왔다는 직원도 마찬가지였다. 그는 내
소개가 끝날 때까지 노트북에 고개를 파묻고 있었다. 보통은 이력서를 보

더라도 얘기를 들으며—적어도 듣는 척이라도 하며—중간중간 적당히 살피기 마련인데, 그들 모습은 선생님이 시험 시작을 외침과 동시에 시험지를 붙잡는 학생들과 똑같았다.

회사가 면접 시 자기소개를 시키는 건 정말 그 소개가 궁금해서가 아니다. 소개 자체는 이미 서류로 다 보았고, 그런 종류의 확인에는 문서 방식이 훨씬 효율적 · 효과적이다. 회사는 면접자가 자기소개를 기본적으로 구비하고 있을 것이라 예상 또는 인지하고 있다. 따라서 그것을 평상적 소개로 보기보다는 일종의 준비 제작된 콘텐츠로써 보게 된다. 짧지만 스토리와 구성이 있는 매끄러운 콘텐츠 속에 이 회사 · 사업 · 직무와의 연관성이 얼마나 개연적으로 녹아들어 있는지, 그리고 그 논지를 얼마나 설득력 있게 구사하는지를 보는 것이다.

스토리는 이력서 내 자기소개서에도 존재하지만, 어떤 이야기를 문자로 미리 표현하는 것과 현장에서 음성으로 전달하는 것은 큰 차이가 있다. 글은 읽게 되는 사람의 정서와 내적 어조로써 소화되므로 비교적 친숙하고 이해가 쉽다. 반면 말은 화자의 유연성이 매우 중요하다. 화자는 메시지를 제대로 전달하기 위해 장소의 분위기, 청자의 눈빛과 표정, 반응 등을 살피며 속도 · 강세 · 제스처를 실시간으로 세밀하게 조정해 나가야 하고 자율적인 판단에 따라 과감하게 생략 및 추가하는 변화를 결정하기도 한다.

하지만 선보이는 콘텐츠 자체는 유연성을 내포하지 않는다. 보통 그것은 이미 충분히 정제되고 고착되었기에 말을 뱉으면서 수정하고, 수정하면서 뱉기가 까다롭게 구조화되어 있다. 완결성(제도)과 유연성(개체) 간의 충돌이 일어날 수밖에 없는 것이다.

면접관은 면접자가 이 과정을 얼마나 자연스럽게 처리하는지를 살핀다. 그 우수성이 곧 사고력을 뜻하며, 동시에 업무 해결 및 단체 생활 능력 유추와 직결되기 때문이다. 대답할 수 있도록 먼저 질문을 해주는 '묻고 답하기'와 같이 인지 언어학적으로 문맥상의 합의가 성립된 사회적 행위보다 '자기소개'가 훨씬 낯설고 고차원적 테스트인 이유다. "사실상 자기소개에서 당락이 결정된다"라는 말이 그래서 나오게 됐고, 그 속뜻의 왜곡된 변형이 바로 "첫인상으로 모든 게 결정된다"라는 말이다(자기소개는 당연히 끝이 아닌 처음에 요구하기에).

그러므로 자기소개를 요구하지 않거나, 구색을 갖추기 위해 형식적으로 시키거나, 시켜놓고 딴짓만 하는 회사는 면접자를 판단할 최고의 기회를 제 발로 차버리는 것과 다름없다. 그것은 자기소개라는 절차의 존재 이유와 목적을 모른다는 의미이고, 더 나아가 필요한 인재를 놓치기 쉽다는 뜻이며, 결국 조직을 성장시킬 능력과 조직이 발전할 기회가 줄어든다는 얘기가 된다. 새 물이 흘러들어오지 못해 물이 고이면 썩는다. 하지만 새 물이 흐르더라도 여과를 똑바로 못하면 불순물이 섞여 들어와 똑같이 오염되고 마는 법이다.

지난 챕터 중에 말했듯 면접이란 서로를 보는 것이고 면접자 역시 그 기회를 통해 해당 회사에 관한 정보를 최대한 저장하고 판단해야 한다. 어떤 회사인지 어떻게 운영되는지 과연 견실하고 발전적인지에 대한 정보들은 분명 이곳저곳에 내재해 있고 자연스럽게 묻어나온다. 단지 면접자가 너무 긴장했거나 면접 경험이 적어서, 또는 역으로 경영자·조직관리자의 위치에 있었던 적이 없었기에 미처 보지 못하고 지나칠 뿐이다.

만약 면접 자체에 집중하면서 그런 것들도 포착할 여유와 능력이 갖춰졌을 때 자신의 노력과 상반되는 상대방의 무례·결여·미흡한 점을 보게 된다면 크게 실망할지도 모른다. 그것이 인간으로서 자연스러운 감정이다. 하지만 거기에서 그치지 않고 수용까지 해낸다면 오히려 긍정적 효과로 작용하기도 한다. 부담이 줄어드니 긴장도 풀리고 훨씬 편안한 상태로 임할 수 있게 되는 것이다. 이것이 당장 오늘의 결과에는 아무 영향 없을지 몰라도 종국의 결과를 내는 데에는 필수적인 훈련 과정이다.

무엇이든 결국엔 '적용'의 문제다. F와 남직원을 앞에 두고 있는 상황도 마찬가지였다. 그들의 모습은 스스로에 대한 실망감 위에 허탈감까지 얹어주었지만 나는 나름대로 적용해 가며 좋은 집중력을 유지하고 있었다. 덕분에 커리어와 직무 관련 얘기가 오가는 내내 특별히 어려움을 느끼지 않았고 모든 질문에 필요하고 원하는 만큼 충실히 대답할 수 있었다.

그때 갑자기 F가 너무나 의외라는 듯 부사를 길게 끌며 말했다.

"그런데 **되게** 차분하시다." 좋다는 건지 이상하다는 건지 의중이 헷갈리는 뉘앙스였다. 나는 그냥 가벼운 웃음으로 때워 넘겼다. 애당초 질문도 아니었으니 구체적으로 즉답할 필요도 없었다.

"**엄청** 차분하시네요?" 나는 그녀의 질문 의도를 도무지 파악할 수가 없었다. 산만한 것도 아니고 차분한 걸 콕 집어 묻는 경우는 또 처음이었다.

"마냥 어린 것도 아니고, 어느 정도 나이가 찼으니까요. 또 자리가 자리인 만큼 아무래도 그렇죠." 이게 진정 물어볼 거리나 되는지 이해할 수 없었지만 이미 물어본 마당이니 어쩔 수 없었다. 나는 지극히 당연한 얘기를 대답 삼아 말하면서도 이 자리에서 이런 대화나 하고 있다는 현실이 믿기지 않았다.

"아니 그래도 엔터업(기획업)계에 계신 분들은 좀… 좀 그런 게 있고 그러시는데. 나는 그럴 줄 알았는데… 되게 의외다."

주절대는 F의 형체 위로 지난번 본부장의 모습이 자연스레 포개졌다. 이력서의 일부분만을 확대해석하면서 이쪽과 그것은 이렇고 저렇더라는 확증편향이 저 멀리 어둑어둑한 자리에 그대로 살아있었다. 조금은 다를지 모른다고, 이번엔 혹시 모른다고 애써 합리화하며 품었던 믿음과 기대가 완전히 헛된 것으로 밝혀지고 이내 속절없이 사라지며 나를 비웃었다.

"아니 우리 팀 직원들이 여자애들이 많은데 아직 좀 어리기도 하고, 일은 다들 열심히 하고 그러는데 막 서로 말도 많고 분위기가 좀 그렇거든요. 그래서 잘 맞을지 어떨지 모르겠네." 여전히 정돈되지 않은 설명에 어설픈 표현이었지만 그녀가 뭘 묻고 싶어 하는지는 이해할 수 있었다. 하지만 그건 내가 어떻게 말하든 과분한 대답이 될 만큼 얼토당토않은 걱정이었고, 명확한 질문 대신 흐지부지 혼잣말하는 모양새는 F를 '사업팀 리더'는 물론이고 '면접관'이란 역할로서도 수긍하기 어렵게 만들었다. 그녀는 한 계열사의 수장이 아니라 보육 상담하러 온 부모를 대하는 유치원장 같았다.

"이 자리는 저를 대변해야 하는 시간이니 조금 말씀드리자면, 우선 저는 어려서부터 어른들이 일하는 모습을 가까이서 자주 봐왔습니다. 그리고 스타트업을 하면서, 또 전 직장에 근무하면서 미팅도 정말 많이 했습니다. 그래서 때와 장소에 맞게 행동하는 게 능숙합니다. 게다가 여전히 업계 내 대다수가 저보다 연배가 높으시기도 하니 그럴 땐 더 예를 갖추는 거고, 또 그래야 마땅하고요. 그런 것처럼 당연히 팀 안에서 팀원들하고 있을 때 또 다르죠."

그러나 그 이후에도 나의 적합성에 대한 F의 의문은 계속됐고 쌍방 간의 신뢰나 유대감은 조금도 생기지 않았다. 이력서를 보니 잘 맞을 것 같았다며 먼저 제의해 놓고 막상 현장에선 계속 불신만 표하는 건 참으로 어처구니없는 일이었다. 더군다나 언제인가 한번은 보자마자 **너무** 좋다고 판단했던 동일 인물 아니던가. 그땐 맞고 지금은 아니라는 것인가?

하지만 아무래도 괜찮다. 어찌 됐든 이곳엔 가능성이 없단 게 분명한 상황이었다. 나는 선수 쳐서 어지러웠던 마음을 깨끗이 비우기로 했다. 나에 대한 오해와 의문이 있으면 정확히 사실을 밝혀서 자신 보존에만 신경 쓰겠다는 결정이었다.

"학생 때도 사업을 하셨고 그 다음 S사에서 대표를 하셨고… J사에서는 팀장이고 지금도 G사에서 대표를 하고 계신데, 들어오시면 그냥 직원인데… 괜찮으실지… 부장이나 차장으로 들어와야 하지 않나… 리드 급은 다 차 가지고 근데…" F는 말하는 동안 몇 번이고 이력서를 내려다보거나 오른편에 있는 직원 쪽으로 몸을 틀어댔다. 속으로 고민해야 하는 부분까지 면접자 앞에서 일일이 다 소리 내며 구시렁거리는 행동이 본인을 어떻게 보이게 만드는지 전혀 모르는 걸로 보아, 면접관으로서의 예의는 물론이고 그 무거운 임무를 완수하기엔 역량이 너무나 부족해 보였다. 그렇게 갈팡질팡하는 행태를 잠자코 보면서 나는 금사金史의 "疑人勿使, 使人勿疑(의심스러운 사람은 쓰지 말고, 쓴 사람은 의심하지 말라)"라는 구절이 입안에서 맴돌았다.

오랜 인류 역사와 그 사회적 영향으로 '대표'라고 하면 흔히들 무슨 기업의 총수쯤 되거나 아니면 무소불위의 가부장적인 지도자를 떠올리는 경향이 있다. 그러나 대표란 단지 능력과 의지가 있는 팀 플레이어·롤 플레이어를 가리킬 뿐이다. 말인즉슨 오직 동료들에게 인정받아야만 가능한 역할이고, 그 위엄은 직접 세우는 게 아니라 주변이 만들어 주는 것이다('작가'도 마찬가지다. 고작 책 한 권 냈다고 다 작가가 아니며, 역사엔 위대한 작가가 너무도 많다. 그래서 이 글이 책으로 나와도 나는 스스로 작가라 여길 생각은 추호도 없다. 그건 매우 건방지고 오만하다. 애당초 그럴 목적으로 쓰기 시작한 것도 아니고).

그런데 특히 우리나라에선 참 안타깝게도 대표의 본래 가치가 '권위자'의 경우처럼 너무 쉽게 절하되고 있다. 그런 왜곡된 인식이 만연하다는 건 여전히 이 사회에 흉내만 내는 **거짓** 리더들이 훨씬 많다는 증거이다. 또 확증편향이 금방 바뀌지 않는 원인이며 결과적으로 취직이 어려운 이유이다. 이제껏 나는 이와 관련한 직간접적 질문을 정말 여러 번 받았다. 그리고 그럴 때마다 올바른 개념의 해설로써 나를 똑바로 알리다 보니 그 대답을 하는 데는 머리를 굴릴 필요도 없을 정도다.

"직함이라는 건 외부 인사와 만났을 때 그가 우리 조직과 사람을 인식하고 이해하도록 돕는 장치일 뿐이지, 내부에서는 대표든 팀장이든 그저 똑같은 한 명의 일꾼이자 구성원일 뿐입니다. 반대로 말하면 결국 밖에 나갔을 땐 모두가 회사의 얼굴이고 대표로서 행동해야 합니다. 해외에 나가면 모두가 국가대표라고 하듯이요. 그게 항상 제가 팀원들과 나눴던 얘기입니다. 그리고 특히 스타트업은 인원이 적어서 대표나 이사라고 실무를 맡지 않는 경우가 없습니다. 그래서는 안 되고, 그럴 수도 없습니다. 기민한 기계처럼 움직여야 하는 조직에 있었던 사람은 누구보다 팀의 중요성을 잘 알기 마련입니다. 대기업에 계셨다고 하니 아마 이 부분에 대해서 잘 아실 거라 생각합니다." 나는 호응을 이끌기 위해 면접 내내 조용히 있던 남직원 쪽으로 정중히 손짓하며 말을 마쳤다. 그런데도 그는 아무 반응도 없이 나를 물끄러미 보기만 했다. 도대체 긍정하는지 부정하는지 모르는지 알아차릴 수가 없었다.

각각 다른 시기에 총 네 차례나 면접을 진행하면서 △△기업은 유효한 평가를 전혀 하지 못했다. 그러기엔 당사가 보유한 인사이트가 너무 부족하고 한정적이었다. 당시 그들이 추진하던 ICT 신사업은 △△기업이 지난 오랜 시간 영위하며 기업의 대표 격이 된 기존 사업과는 완전히 동떨어진 카테고리다. 그 사업에 필요한 전문 인력을 새로 모집해야만 하는 상황에서는 그런 인력에 대해 익숙하고 노련한 사람이 관리자여야 한다. 그래야만 신사업 직무에 알맞은 사람을 채용할 수 있다.

그러나 △△기업은 새 영역과 전혀 무관한 커리어를 걸어온—심지어 리더로서 자질도 매우 의심스러운—인물에게 사업부를 맡겨났고, 거기에다 역시 신사업 영역과 아무 관련 없는 타 계열사 임원이 슈퍼바이저처럼 채용 과정에 난데없이 개입하기까지 했다.

너무나 자연히도 그들이 기댈 곳이라곤 오직 자신들의 오랜 업력과 방식, 기존 사업으로 키운 '잣대'뿐이었다. 하지만 그것은 여의봉처럼 늘어났다 줄어들었다 하는 상대적인 도구라서 새로운 분야에 가져다 대면 아주 조그맣고 미천한 게 되어버린다. 그리고 그렇게 작아진 잣대로는 딱 그만큼밖에 측정하지 못한다. 나머지는 오직 상상에 맡겨 추정해야 하고, 그럴수록 원하는 답에 근접할 확률은 낮아진다. 또 잣대가 너무 작다 보면 기준

점이 흔들리기 쉽고 판단이 오락가락하게 된다.

누군가 인간은 상상의 동물이라고 했다. 그만큼 상상력이 풍부하다. 그 힘이 어찌나 강력한지 자신만의 세상도 창조해 낸다. 그렇게 주관으로 가득 찬 그 세상을 '망상'이라고 부른다. 그 속에서는 하나를 보면 열 가지를 아는 게 아니라, 하나를 보고 열 가지의 오판을 하게 되어 결코 올바른 결정을 내릴 수 없다. 적합한 사람들을 등용하지 못하는 게 당연하다.

또 누군가는 아는 것만이 힘이라고 했다. 실로 그렇다. 회사도, 면접자도 자신이 아는 만큼만 상대방을 볼 수 있다. 확증편향은 실리와 실용에 정말이지 아무 도움도 되지 않는다. 그러니 결국 해답은 언제나 겸손, 오직 겸손뿐이다.

[어둠 속의 무지개]

현재 여러 업계의 수많은 회사가 기존 사업에 ICT 기술 접목을 시도하거나, 기존 사업과 연관된 근접 분야에서 ICT 서비스가 위주인 신사업을 추진하며 생존과 확장을 도모하고 있다. 제조업계가 대표적이다. 제조업계는 '공유' 가치가 핵심인 DT 산업과 정반대로 '특허' 가치가 핵심이다. DNA가 본질적으로 다른 셈이다.

일례로 인천 연수구에 소재한 엔지니어링 회사 C의 경우 오랜 시간 축적한 DB와 그 인사이트 가치를 살려서 엔지니어와 금형 설계회사 간 매칭에 특화된 엔지니어 전문 구인·구직 플랫폼 서비스 사업을 준비하고 있다. 이처럼 부분적·전체적 피봇Pivot이나 CIC(사내벤처)에 재투자 여력이 되는 회사들은 시대 변화에 맞춰 살아남으려 분투하고 있다. 하지만 다양한 원인 때문에 모두가 성공적이지는 않다.

그런 사업 전환을 노리는 회사들은 대부분 업력이 오래된 곳이다. 오래 되었다는 건 여러 가지를 의미한다. 좋은 리더가 있고 잘 조직화 되어 있으며 효과적인 운영 방식을 갖췄다는 뜻이다. 동시에 그만큼 주관이 확고할 수 있고 그로 인해 구조·방식·문화가 고착되어 버렸을 수 있다는 얘기도 된다.

세상의 모든 성질은 필연적으로 기능적 양면성을 수반하게 된다. 그렇지 않고 절대적 단일성인 것은 없다. '성질'이라는 유기물은 비록 눈에 보이진 않아도 '상황'이라는 또 다른 비시각적 공간에 갇힌다. 그리고 그 공간에도 시간은 존재한다. 결국, 유기적인 상황 속에 갇힌 성질 역시 시간의 영향을 받아 변화하게 된다. 가령 아주 엄격한 질서·절차·통제가 불가피한 우주선 내부에선 '강한 리더십'이 필수적·효과적이지만, 반대로 작고 자율적인 동호회 내부에선 평화와 화합을 해치는 치명적 장애 요소가 되어버리는 것처럼.

이렇듯 장점/단점이 본질적으로 나뉘는 것 따위는 없다. 오로지 본원적 성질만이 있을 뿐이다. 그리고 노력 여하에 따라 특정 성질의 계발 수치가 상대적으로 높아졌을 때 "~한 특성이 있다"라고 말하게 된다. 사람은 자신이 어떤 특성을 가졌는지 스스로 파악하는 것(기본에 충실한 것)이 중요하고, 그다음으로 그보다 더 중요한 건 상황과 시간에 맞춰 그 특성을 조절 및 적용하는 것이다. 즉 탄탄한 기본 위에 탑재되는 유연성이야말로 각 성질 구현의 정점이자, 그를 기반으로 한 특정 능력이 프로 레벨에 다다랐다는 기준이 된다.

유연성의 보유 여부는 곧 우수 인력, 일류 회사의 기준이자 핵심이다. 만약 지원자가 자기소개서에 자신의 장점/단점에 관해 **나누어** 서술해 놓거나, 장단점이 뭐냐는 질문에 곧이곧대로 **나누어** 답변한다면 고차원적 수준으로 보기 어렵다. 반대로 회사의 경우는 약간 까다롭다. 장단점을 묻는 것이 지원자 역량 확인을 위한 의도적 질문인지, 아니면 실제로 깊이가 없어 형식적으로 묻는 건지 분간하기 쉽지 않아서다. 그 대신 회사는 경영에서의 '전환'과 '혁신' 시도 과정 중 그 수준이 드러난다.

3차 구직 시기였던 2023년 봄에 만난 G사도 당시 그런 중대 변화의 길목에 있었다. 이 회사의 채용 공고는 상당히 인상 깊었다. 설립된 지 20년이 넘은 회사답게 회사 소개가 굉장히 구체적이고 명확했다. 하지만 단지 상세히 풀기만 한 것이 아니라 오랜 시간 운영하며 습득한 깊이 있는 성찰과 철학이 묻어나오고 있었다. 그것이 직무와 자격 요건, 핵심 역량 등이 완벽히 부합했던 것과 상관없이 지원을 결심한 결정적 이유였다.

G사 지원 후 처음 전화를 받았을 때 나는 어느 병원에서 막 나오던 참이었다. 나는 2022년 말부터 건강이 나빠지기 시작했다. 2019년 J사를 그만뒀을 때부터 너무 긴 시간을 홀로 싸우며 버텼고, 특별한 휴식 없이 계속 엄격한 생활과 관리를 유지하느라 심신이 지친 탓이었다. 결국, 2023년 2월 작은 수술을 했고 한 달간 요양하다 다시 전선에 복귀했으나 한동안 회복 치료를 병행해야 했다.

전화를 건 사람은 직함을 밝히지 않고 우선 지원 동기부터 직접 물었다. 그리고 답을 들은 다음엔 이전에 진행했던 사업들을 포함해 현재 구상 중인 ICT 신사업에 관해 얘기하기 시작했다. 그런데 설명이 구체적이지는 않고 묘사 수준에 그치고 만다든지, 구사하는 용어가 전문적이지 않은 점 등으로 미루어봤을 때 ICT 분야가 조금 생소한 사람인 듯했다.

서비스 소개가 얼추 끝난 후 그는 내가 이에 필요한 역량을 가졌는지 또한 번 직접 확인했고 그다음엔 희망 연봉까지 물었다. 중년 정도 된 목소리에 단도직입적이고 군더더기 없이 깔끔한 질의, 실무적 부분이 익숙지 않고 연봉 사항까지 직접 다루는 걸로 보아 아마도 그가 대표 M인 것 같았다.

"종합적으로 따져봤을 때 Y천 정도가 적합하다고 생각합니다." 나는 지원할 때부터 계획했던 대로 대답했다.

"우리가 정해둔 기준은 X천이거든요. 어떤가요? X천이어도 생각 있나요?"

나는 그가 흥정 전략을 쓴다고 여겼다. 어떤 상품을 구매하려 할 때 일부러 가용 금액보다 한도를 낮게 말해 판매자가 그 이상 요구하기 어렵게 만드는 평범한 수법. 처음부터 순순히 승낙하지 않는 게 당연했다.

"연봉은 일단 면접부터 보면서 서로 체크할 부분들을 제대로 묻고 확인한 다음에 다시 얘기하는 게 낫겠습니다." 나는 정석대로 응하며 즉답을 피했다. 몇 가지 분명한 이유에서였다.

- 남성이 제시한 금액은 애당초 G사가 채용 공고에서 밝힌 연봉 범위의 최저 수준이었다.
- 아직 면접도 보지 않고 나에 대한 아무런 확신도 없는 상황에서 최저액을 말하며 대답부터 들으려 하는 건 염가에 계약하려는 수법이다.
- 면접에서 좋은 모습을 보여 점수를 따고 상대방을 탐색하는 게 우선이며, 계획대로 된다면 이후 제대로 된 협상안 또는 협상 시간이 다시 오기 마련이다.

- 양측이 제시한 금액의 중간 수준(X.5)이 나의 마지노선이고, 정확히 그 중간에서 만난다면 양측의 양보가 균등하다. 또한, 최초 희망 연봉과 중간 수준 모두 G사가 채용 공고에서 밝힌 범위 내이므로, 양측 모두가 만족할 계약이 될 확률이 높다.

전화 속 남자는 **그러자**며 면접은 언제가 괜찮은지 물었다. 나는 달력 앱을 보면서 날짜 몇 개를 꼽았고 그가 그 가운데 하루를 정했다.

며칠 뒤 나는 G사 본사가 있는 서울 ○○구로 갔다. 면접은 사무실로 들어와 바로 오른편에 있는 회의실에서 진행됐다. 출입문으로부터 회의실까지의 동선이 워낙 짧아 사무실 안쪽을 본 시간은 찰나였다. 하지만 잠깐 사이 살펴본 느낌은 예상과 상당히 흡사했다. 사무 공간을 마치 플래그십 스토어나 모델 하우스처럼 꾸미길 선호하는 최근 신생 ICT 회사들과는 거리가 멀었다. 기존 사업 종류와 사업장 위치, 그리고 오랜 업력의 회사답게 클래식한 분위기가 물씬 풍겼다.

회의실도 마찬가지였다. 사무실 밖 복도 쪽 벽면을 높은 책장들이 가리고 섰고 그 위에는 PC 모니터 여러 대가 나란히 놓여있었다. 경영·리더십·경제·금융 등 여러 주제의 서적이 빼곡한 책장들에선 채용 공고와의 일관성이 느껴졌다. 기대가 부풀어 가슴이 떨려왔다.

처음 회의실로 안내했던 직원은 면접관님들이 몇 분 내로 오실 거라 했지만 그렇지 않았다. 약 20분가량 지나고 나서야 면접관 한 명이 들어왔고 나는 자리에서 일어나 인사했다. 그는 거의 50대에 가까워 보이는 남성이었는데 적당히 긴 머리에 펌을 했고 지나치지 않으면서도 세련된 캐주얼 정장 차림이었다. 체격은 크지 않고 날씬한 편이었지만 오랜 직장 생활로 실속 있고 다부진 사람이라는 걸 한눈에 알 수 있었다.

그는 본인을 본부장이라고 소개하며 면접이 지연된 사유를 설명했다. 앞선 중요 회의가 예상치 못하게 길어지는 바람에 함께 참석하기로 되어 있던 대표 M을 계속 기다리게 됐고, 더 늦어지면 안 될 거 같아 우선 본인만 먼저 왔다는 얘기였다. 그는 정중히 사과하며 나중에라도 중간에 대표님이 합류할 수도 있다고 했다. 나는 대표가 꼭 본인이 직접 면접자를 보길 바라는 성향이라는 걸 알아차렸다. 그렇지 않고선 본부장급이나 되는 사람마저 20분이나 기다리고 또 기다리다 어쩔 수 없이 혼자 오는 일이 웬만해선 생기지 않는다. 나는 그런 대표 없이 본부장과 일대일로 진행하게 된 게 과연 더 좋게 작용할지 안 좋게 작용할지 궁금해졌다.

본부장은 매우 꼼꼼하고 침착한 사람이었다. 그는 이력서에 실린 정보를 확실히 파악해서 전부 자신의 것으로 소화할 수 있도록 노력했다.

"전에 다니신 J사의 B 서비스는 어느 위키 사이트를 보니 좀 안 좋은 얘기들도 꽤 있더라고요." 나는 그의 질문들을 통해 그가 이력서를 단순히 미리 읽어보기만 한 게 아니란 걸 알 수 있었다. 조금이라도 낯설거나 중요한 부분에 대해서는 사전에 그 배경지식을 일일이 검색하고 공부한 게 분명했다. 가히 그 연차와 직위에 어울릴 만한 치밀함이었다.

"해당 사이트의 내용은 J사 근무 시절에 저도 한번 본 적 있습니다."

"그래요?"

"예. 그런데 내용이 상당히 부실하고 잘못된 부분이 많더라고요. B 서비스뿐만 아니라 원래 그 사이트의 정보는 오류가 많기로 유명해서 크게 신뢰하지 않으시는 게 좋습니다."

"네, 저도 참고만 했습니다."

그는 대화가 아주 자연스러웠고 부드러우면서도 힘이 있었다. 내가 발언할 때는 나를 정면으로 또렷이 바라봤다. 단지 얘기에만 집중하기보단 그 내용과 사람 내면 간의 일체성을 확인해 보려는 듯한 느낌이 강했다.

"제가 상열 씨 능력을 의심해서 묻는 것은 아닌데, 보면 영어도 잘하시고 또 중국에서 좋은 학교를 나오셔서 외국어가 뛰어난 부분들이 어쩌면 J사가 상열 씨를 채용하는 데 있어 중요하게 작용할 수도 있지 않았을까요? 제가 그렇게 생각하는 건 아니니 오해 마시고요."

"아닙니다, 괜찮습니다. J사는 큰 기업입니다. B의 경우 전 세계 매출은 T보다 높을 정도로 J사 포트폴리오 중에서는 가장 핵심적인 프론티어 사업입니다. 물론 잘 아시겠지만 그 정도 되는 회사는 단지 외국어 좀 한다는 이유만으로 그런 중책을 쉽게 맡기지는 않습니다." 나는 J사에 관해 설명하면서 마음 한구석이 **쓰려 왔다.**

"B가 유명한 줄은 알았는데 전체 규모가 생각 이상으로 크네요. 음, 그런데 여기에서 그렇게 오래 계시진 않았어요."

"맞습니다. 그럴 수 없었습니다."

"아, 무슨 일이 있었나요?"

핵심들로만 간추린 이야기를 들으며 본부장은 얼굴이 약간 찌푸려졌다. 놀라우면서도 어이없고 약간은 듣기 거북한 듯한 표정이었다.

"우리도 그쪽에 출장도 여러 번 가고 그쪽 회사랑 미팅도 꽤 해봤거든요. 좋은 사람들도 많은데…" 그는 그런데도 운이 나빠 안타깝다는 듯 말을 흐렸다.

"물론입니다. 저도 아직 그쪽에 좋은 친구들이 여럿 남아있습니다. 그런데 사업적으로 거래할 때랑 밑에서 일하는 경우랑은 또 좀 달라질 수도 있죠."

가볍게 호응한 본부장은 이력서로 눈길을 돌리면서 고개를 살짝 절레절레 가로저었다. 방금 들은 이야기에서 느껴지는 그 특유의 **치졸한** 성질에 대한 거부 반응이었다.

"한 가지 더 제가 평소 궁금하기도 하고 의아하기도 했던 부분이 있습니다. 국내 K 서비스의 대표라든지 아니면 그쪽과 관련된 D나 T 같은 유명인들은 사업도 잘되고 있고 돈도 많이 벌잖아요. 그런데도 끊임없이 윤리적 측면의 문제를 일으키고 구설에 오르는 걸 보면 '대체 왜 저러나', '더 잘 될 수도 있는데 왜 주체 못 하나' 하는 생각이 들거든요. 물론 다른 업계에는 그런 문제가 아예 없다는 건 아니지만요. 저희도 예전에 잠시 모델 캐스팅 온라인 서비스 사업을 해봤습니다. 또 현재 상열 씨 개인 회사 일에도 그런 매니지먼트 업무가 포함되어 있잖아요, 그렇죠?"

"맞습니다. 그리고 저번에 통화한 분께 그 사업도 하셨다고 들었습니다."

"네, 그래서 아무래도 이쪽 업계에 대한 이미지 같은 게 있다 보니까 회사에서는 그 선입견 때문에 약간 염려할 수 있어요. 괜한 걱정일 수도 있지만 요즘엔 워낙 인성 문제로 인한 사건·사고가 자주 일어나니까요."

본부장은 곤란한 질문이어도 사측에서 꼭 검토하길 원하는 부분을 물을 때면 적당한 제스처와 완급조절, 시선의 변화 등을 주며 차분하게 시간을 들였다. 그저 예의를 갖추기 위한 목적이 아니었다. 질문이 최대한 구체적이어야 원하는 만큼의 답을 제대로 들을 수 있고 그래야만 정확히 판단할 수 있다는 걸 알기 때문이었다. 그리고 질문을 끝낸 다음엔 내가 충분히 설명하도록 분위기를 조성하며 나를 면밀하게 관찰했다. 답변을 듣는 중엔 절대 성급히 끼어들지도 않았다.

면접자는 실수가 걱정돼 말을 압축하고 단축하려는 경향이 있고, 긴장한 나머지 너무 짧게 대답하기도 한다. 그래서 면접자의 지성·인성·논리력·사고력 등을 명확히 판단하려면 되도록 길게 말하는 걸 들어봐야 하고 그러도록 유도해야 한다. 본부장은 시간이 얼마가 소요되든 신뢰감이 들 때까지 파악해서 결정하는 게 회사에 최선이라는 걸 아는 사람이었다. 공적으로 사람을 많이 상대해 본 티가 났다. 숙련된 베테랑이었다.

"어떤 말씀인지 이해했습니다. 그리고 말씀하신 그러한 이미지는 저 역시 갖고 있습니다. 그게 선입견인 건 맞지만 동시에 선입견인 건 아닙니다. 실제로 그런 문제가 정말 많은 곳이 K나 B 서비스 관련 업계입니다. 하지만 이곳들도 타 업계와 마찬가지로 매우 광대하고 심층적입니다. 언급하신 사람들은 엄밀히 말해 업계에 속해 **일**을 하는 사람들이 아닙니다. 단지 서비스 이용자로서 유명해진 것뿐이죠. 종사자들은 그저 똑같은 종사자들일 뿐입니다. 정상적으로 출근해서 업무를 봐야 하고 성과를 내기 위해선 과학적이어야 합니다. 이미 서류로 보셨다시피 기획업이 현재 제 개인 회사 업무의 전부인 건 아닙니다. 하지만 어쨌든 제가 지금 이 일도 다루는 건 단지 J사에서 일하는 동안 이쪽과 관련해 쌓인 인사이트가 많고 그 이전에 제가 대중문화에 대해 많은 암묵지를 갖고 있어서지, 언급하신 사람들과

제가 같은 유형의 사람이어서가 아닙니다. 만약 그런 사람이었거나 그런 삶을 살고 싶은 사람이었다면 졸업 후 바로 취직을 준비하거나 스타트업을 창업하지 않았겠죠."

나는 핵심을 빠짐없이 담아 전달하고자 하는 의미를 분명히 했다. 그게 바로 본부장이 원하는 방식이었으니까. 그저 메시지의 혼선이 없도록 간결한 구성으로 적당히 끊는 것만 주의하면 되었다. 면접관다운 실력과 품격, 그리고 영양가 있는 답변 간의 상식적이고 효과적인 상호작용을 통해 나는 순수한 기쁨을 느꼈다. 수술 이후 왠지 허했던 몸에 생기가 차는 기분이었다. 이전 몇몇 경우와는 다른 의미로 면접의 궁극적 목적은 크게 중요치 않았다. 그만큼 오래 갈구했고 또 오랜만에 경험하는 '올바름'의 가치였다.

이후 스타트업 S사에 관한 이야기 중에도 같은 흐름이 계속됐다. S사 당시 기획한 세 가지 서비스를 전체적으로 다루면서도 그중 현재 G사가 구상 중인 신사업과 기능적으로 가장 밀접한 한 서비스가 중점이 되었다. 본부장은 특히 이 내용과 관련된 부분을 이력서와 포트폴리오에서 유심히 살펴본 듯 모든 질문에 깊이가 있었다(그래야 마땅하다). 덕분에 나는 S사 시기의 서비스 기획 배경/비즈니스 모델 기획법/소구점과 차별화 전략/마케팅 채널 등에 대해 자세히 설명할 수 있었다. 더불어 G사가 준비하는 서비스의 경우, 그 성공에는 세 가지 요소(소싱의 전문성/브랜딩(커스터마이징)의 전문성/콘텐츠 큐레이션의 전문성)가 필히 충족되어야 한다는 견해를 밝혔다.

"보통 이런 서비스를 운영하다 보면 DB가 많이 쌓이기 마련인데, 그 정보를 이용해서 부차적인 수익을 내는 회사도 많잖아요? S사 당시 그런 부분에 대해 계획하거나 진행하기도 했나요?" 본부장이 물었다.

"아뇨, 저희는 그러지 않았습니다."

"어떤 이유에서죠?"

"말씀대로 DB를 활용하면 부수적인 수익이 생기기도 하는데요. 이런 플랫폼 서비스나 스타트업은 그 특성상 개발 중이나 사업이 진행되는 과정에서 그 방향이나 기능 등이 시시각각 변화하게 됩니다. 처음 디자인했던 그대로 끝까지 가는 경우는 절대 없어요. 그래서 DB는 상황에 따라 가치가 물거품이 될 수도 있고, 그 수익화를 너무 의식하다간 피봇할 때 발목 잡힐 수도 있습니다. 뭐든지 항상 두 가지 갈래가 생기죠. 특히 사업할 땐 그 둘 모두를 신경 써야 합니다. 정말로 둘 다 중요해요. 단지 더 중요한 걸 더 중시할 뿐이죠. 저희가 DB 수익화를 아예 배제했던 건 아니지만 최우선 목표는 당연히 서비스 자체의 가치를 증명하고 인정받는 것이었습니다. 왝더독(Wag the dog, 주객전도) 꼴이 되긴 싫었습니다."

본부장이 천천히 고개를 끄덕였다. 그러곤 또 하나 자신이 묻고 싶은 게 있다며 천천히 이력서를 내려다보았다. 다른 주제로 넘어가려는 행동이었으나 당장 떠올랐거나 이제 막 서류에서 무언가를 찾아내 물으려는 게 아니었다. 미리 준비해 둔 질문들 가운데 현 흐름과 맞는 걸 꺼내기 위한 목적이었다.

"저희는 회사가 꽤 오래됐습니다. 원래 제조 기반 사업을 가장 오래 했고 한동안은 커머스 사업도 했고요. 처음에 오픈마켓 Z 측이 직접 제안해서 진행하게 됐는데 그 당시 ○○카테고리 판매 1위를 하기도 했어요. 지금은 미국 N사의 컨설팅을 받아 세 가지 사업을 추천받아서 그쪽 포트폴리오를 넓히는 중입니다. 제가 사실 우리 대표님보다 나이는 조금 더 많아서 전 직장에 있을 땐 지금보다 직급이 더 높았거든요. 그래서 거의 대표나 임원분들하고 일을 많이 했어요. 그런데… 자기 사업을 하시는 분들은 시간이 지나면서 그 명석함이나 용기, 의지와는 별개로 **자기만의 방법, 생각에 틀이 만들어져서 못 벗어나는 경우가** 많더라고요. 대화하기도 솔직히 좀 힘들어지고요."

그가 말하는 바는 이해하기 쉬웠다. 그런데 그 뉘앙스에서 어떤 누군가가 염두에 있는 듯한 느낌이 어렴풋이 스치고 지나갔다.

"이 채용 포지션이 리드 역할이긴 해도 우선은 팀이 구성되어야 하고, 한동안은 대표님이나 저와 직접 일 얘기를 많이 하게 될 겁니다. 이런 부분의 경험은 어떠신가요?"

"본부장님께서 어떤 말씀이신지 어떤 부분을 염려하시는지 잘 알고 있습니다. 이 부분은 이렇게 말씀드리면 좋을 것 같습니다. 스타트업 S는 얼마 되지 않지만 100% 제 사비로 시작한 회사입니다. 대학교 때부터 했던 작은 온라인 사업들과 계약직 일로 모은 돈으로요. 스타트업 자체가 이미 위험한 모험인데 한정된 소스로 헤쳐 나가기란 더 힘듭니다. 만약 제가 예로 말씀하신 부류의 사람이었다면 그런 고생이 뻔한 상황에서 팀원들에게 손 내밀었을 때 합류해 주지 않았을 겁니다. 그럴 때 설득해서 오케이 받는 건 연인에게 청혼해서 승낙받는 것보다 어렵습니다. 친구들은 저와 사랑에 빠져있지는 않으니까요."

본부장은 또 한 번 고개를 끄덕였다. 하지만 나는 다른 방향으로 접근해 이보다 가볍고 짧게 첨언해도 괜찮겠다는 생각이 들었다. 그편이 확실한 방점이 될 것 같았다.

"추가로 하나 말씀드리자면 제가 밴드를 했었는데, 혹시 본부장님 그 부분도 보셨나요?"

"아, 그럼요. 봤습니다." 뜻밖의 얘기에 본부장의 반응도 조금 더 경쾌해졌다.

"밴드 음악을 할 때는 누구 하나 고집부리거나 욕심내고 혼자 튀어선 안 됩니다. 조화롭지 않으면 그 밴드는 무조건 망하게 되어 있습니다."

그러자 본부장은 무슨 의도였는지 알겠다는 듯 수긍하는 의미의 작은 감탄사를 냈고, 어느 정도 확신이 선 듯 본격적으로 자사에 관한 얘기를 해주기 시작했다. 그중 하나 독특한 점은 토요일 오전 당직이 있다는 점이었다. 만일 이 순번 당직 근무를 선택하면 그 대신 평일 점심 식비를 회사가 내준다는 조건이었다. 이것은 타 지역의 제조 사업부 소속 공장 직원들이 출고 업무로 토요일에도 출근한다는 불만이 있어 시작된 것이었는데, 본부장은 관계가 없는 신사업부까지 이 내규에 포함될지는 아직 잘 모르겠다고 덧붙였다.

이 부분은 G사가 어떤 회사이고 또 대표가 어떤 사람인지 이해하는 데에 큰 힌트를 주었다. 만약 주말 근무가 해당 사업과 직무적 특성에 따라 부속되는 책임이라면 스스로 선택하고 나서 불평거나 문제화하는 것도 우선 이해하기 어려운 점이다. 하지만 그들이 그런다고 해서 근본적인 해결 대신 그와 무관한 부서 직원들에게 같은 짐을 지겠는지 묻는 건 이슈를 덮고 회피하는 것에 불과하다. 근원적 고통이 조금이라도 분담되거나 아예 사라지는 것도 아니고 오히려 문제를 더 확산시키는 꼴이기 때문이다.

더군다나 요즘은 많은 회사가 식비 및 교통비 등의 기본 제공을 복지화하고 있다. 그런데 아무리 로마에선 로마법이라지만 식비의 '보상 조건화'를 카드로 쓴다는 건 G사에서 오래된 게 단지 사무실 내부만이 아니라는 방증이었다(그 로마법이라도 적당히 시류를 따르게 되기 마련이다).

더욱이 그러한 조직관리 방식은 특정 사상의 논리에 기초한 것이었다. 본부장의 설명을 듣는 동안 나는 그것이 자본주의적 현대사회와 매우 상충하는 구시대적 단순 발상에 기반을 둔 낡은 정책—'회유책'이 더 나은 표현일지도 모르겠다—이라고 생각했다. 그 태생적 한계는 너무나 분명했고 한정적 효과 또한 이미 수 세대에 걸쳐 검증되어 익히 알려져 있었다. 하지만 당장 내가 결정할 일도 아니었다. 개진할 이유는 더더욱 없었으며 애당초 중차대한 문제도 아니었다.

"연봉 얘기도 해봐야겠네요. 저번 J사 때는 어떠셨는지 말씀해 주실 수 있나요?"

"외국 회사라 조금 복잡합니다. 인센티브가 포함된 패키지 딜인데 맥시멈 적용 시 Z.Z천 만이고, 기본 미니멈의 경우 W.W천 만입니다."

"그러면 지금은 어느 정도를 희망하시나요?"

"X.5천입니다." 나는 준비한 대로 처음 연락이 왔던 사람과 통화 당시 각자 제시한 금액의 중간값을 최종 전달했다. 면접이 괜찮았으므로 적당한 선을 한 번에 밝히고 고수하는 편이 몇 차례 지지부진 협상하는 것보다 낫겠다는 판단이었다.

"X.5. 딱 X.5면 할 마음이 있다?"

"예."

"알겠습니다." 그는 이력서 맨 위 장에 색깔 펜으로 'X.5'를 표기했다.

면접은 2시간이 조금 넘어서야 끝이 났다. 꼼짝하지도 않고 딱딱한 의자에 앉아 있느라 엉덩이에 감각이 없었다. 하지만 마음은 정반대였다. 본부장은 수고했다고 말하며 가져온 서류와 문구를 챙기기 시작했다.

"이미 많은 말씀드렸지만 마지막으로 한 마디 더 드려도 괜찮겠습니까?" 나는 조금의 후회도 생기지 않게 하기로 했다.

"네, 그럼요."

"사실 지원자에게는 기회가 곧 전부입니다. 그래서 다시 한번 오늘 면접 볼 기회 주셔서 진심으로 감사드리고요. 전 직장에서 그런 일도 있었던 만큼 앞으로는 정말 제대로 된 곳에서 제대로 일하고 싶은 마음이 큽니다. 그러니 아무쪼록 오래 두고 쓴다고 생각하셔서 좋은 방향으로 고려해주시면 감사하겠습니다."

"알겠습니다."

우리는 고생했다는 말과 함께 자리에서 일어났다. 내가 의자를 집어넣을 때 본부장은 한 발짝 먼저 문 쪽으로 향하고 있었다.

"좋게 생각해서 오래 면접 본 거예요." 그는 지금까지와 달리 쳐다보지 않고 넌지시 말하며 회의실을 나섰다. 그러곤 면접 내용을 가지고 대표와 잘 상의한 다음 다시 연락하겠다는 말과 함께 나를 배웅했다.

집에 돌아가는 차 안에서 나는 벅차올랐다. 합격이 예상됐거나 예상될 만큼 훌륭한 면접이어서가 아니다. 면접을 잘 봤다고 기대에 부풀던 순진무구한 시절은 아득히 오래전 지나쳤다. 나는 지쳤고 계속 다잡아도 마음은 서서히 닫혀가고 있었다. 한시적이지만 건강도 나빠져 수술까지 받았다. 그렇게 점점 비관적으로 변모하던 상황에서 아직 정상적인 경험을 하는 것은 곧 무한한 가능성의 존재를 느끼는 것과 같았다. 그날 밤은 홀로여도 사방이 온기였다.

그리고 며칠 뒤 오후 4시쯤 한 전화가 왔다. 모르는 번호였지만 누구인지 직감할 수 있었다.

"지금 긍정적으로 얘기 중이에요. 근데 혹시 저하고 면접 보기 전에 대표님과 전화로 연봉을 이미 정했나요? X천에 하기로 했다고 얘기하시는데."

그때 두 가지가 확실해졌다. 처음 통화한 사람이 역시 대표였다는 것. 그리고 협상 전략이 아니라 정말 그 금액만 쓸 생각이었다는 것. 나는 본부장에게 대표와의 통화 내용 전체를 그대로 알려줬다.

"제가 염치가 있는 사람이라 만약 이미 정해졌다면 본부장님께 다른 금액을 말씀드리지는 않았을 겁니다."

"그렇죠. 근데 일단은 대표님이 그렇게 말씀하셔서… 혹시 X천에 인센티브 옵션 방식은 어떠세요? 뭐 사실 회사 입장에서는 몇백만 원 차이가 별건 아닌데, 지금 우리가 내부적으로 부장급은 X천 수준에 딱 맞추거든요."

잘못된 기억의 문제는 지엽적이었다. 나는 또 한 번 당사 대표의 경영 방식을 떠올릴 수밖에 없었다. 어떤 식으로 이 조직을 운영하며 유지했는지가 명확했고 그 틀에서 조금도 움직이려 하지 않고 있었다. 내가 본부장에게 제시한 액수는 이미 한번 양보한 값이자 마지노선이었다. 하지만 아쉽게도 상대는 중간에서 만날 생각이 없어 보였다. 그리고 이번에도 그 이유는 받아들이기 힘든 특정 사상적 구조에 기한 것이었다.

"본부장님, 제가 어떻게 관여해 보려고 드리는 말씀은 아니니 곡해는 마시고 들어주십시오. 우선 이 신사업은 그동안 G사가 해왔던 것들과는 전혀 다른 분야입니다. 그래서 그에 맞는 사람들을 새로 뽑으시는 거죠. 그리고 이 직무에 제 연차 정도면 지금 업계에서 Y천 정도가 평균입니다. 그래서 처음 대표님과 통화할 때 Y라고 말씀드렸던 겁니다. 이후 본부장님께는 더 낮췄고요. 만일 사업과 직무가 똑같은데 연봉과 사내 문화·복지 등은 차이가 난다면 이 직무의 전문 인력은 굳이 타 업계 회사를 고려할 이유가 없어집니다. G사가 ICT 서비스 시장에서 경쟁하려면 적어도 급여만큼은 그 회사들과 비슷한 선으로 맞춰야 필요한 사람을 데리고 올 수 있습니다.”

본부장은 얘기를 들은 뒤 일단 알겠다며 다시 연락하겠다고 했다. 하지만 나는 대표 M이 끝내 수용하지 않을 거란 예감이 들었다. 여러 정황상 그는 본인이 직접 처리하지 않는 일엔 쉽게 믿음을 갖지 않는 사람일 확률이 높았다.

물론 대표라는 직위의 사람들 대부분이 그런 성질을 갖고 있다(초기일수록 심하다). 하지만 뛰어난 대표들은 절대 혼자서 다 하려 하지 않는다. 그들은 모든 직원과 측근들을 강하게 믿고 의지하며 사람들에게 권한을 일임하고 책임을 분담함으로써 일이 돌아가게 한다. 그리고 자신은 그 사람들의 관리에 집중한다. 통제 대신 통솔을 하는 것이다. 하지만 M의 마음에는 본부장의 판단과 제안이 크게 작용할 만한 신뢰나, 기존 내규와 약간이라도 어긋나는 결정은 할 생각이 없었던 거 같다.

주관과 객관의 불균형이 심하고 유연하지 못한 리더들은 누구 말처럼 자기만의 방법, 생각의 틀에서 좀처럼 벗어나지 못한다. 그대로 나이가 들수록 타인의 말을 귀담아듣지 않게 되고, 또 그러다 보니 간혹 부정확한 기억으로 소통도 원활하지 않게 된다. 그런 대표가 인사까지 혼자 결정하는 게 무조건 조직에 나쁘다고 할 순 없지만 그렇다고 좋을 것 또한 없다. 현대 스포츠구단에 구단주 말고도 GM · 감독 · 디렉터 등 여러 직책이 존재하며 영입에 관계하는 이유다.

타 업계 시장에 진출하려면 당연히 그곳의 방식 · 문화 · 흐름 등을 배우고 받아들여 조직화해야 한다. 그것이 혁신이다. 하지만 쭉 잘해오고 있는 대표와 회사가 곧장 그러기는 쉽지 않다. 익숙한 기존의 것이 아니면 본질이 같아도 이질적으로 치부하고 마는 구태도 문제지만, 어떻게 융화시킬지 모르거나 신경 쓸 여력이 없다고 지레 포기해 버리는 경우는 더 큰 문제다. 물론 그런 현상 또한 자연적 섭리이다. '전환', '혁신'은 그렇게 일반화된 패턴을 깨는 것이기에 어렵고 실패 확률도 농후하지만, 그 대신 득과 실도 분명하다.

영국은 미국의 대중문화와 그 산업의 시스템을 받아들인 이후 끊임없이 성장하며 숱한 예술가를 배출했고 상권과 경쟁력을 키웠다. 반면 국수주의가 심했던 프랑스는 결국 여전히 샹송뿐인 문화적 약소국 위치에 머물게됐다. 또 애플의 아이폰이 바야흐로 시대적 패러다임의 대전환을 일으키던 때에 우리나라는 몇몇 기업들의 담합으로 몇 년을 쇄국했다. 물론 지금은 기술적으로 비등해졌으나 그 바람에 주변국들에 비해 모바일 생태계 발전이 한참 뒤처지며 '갈라파고스'라고 조롱당했다.

하물며 이름 모를 어느 작은 회사가 리더의 확증편향과 단돈 몇백만 원차이 때문에 유능하다고 판단한 사람의 영입을 포기한 것 정도야 전혀 놀라운 일도 아니다. 그런 그들의 모습은 엔진룸 설계와 모든 파츠가 노쇠한 옛 엔진에 맞춰져 있는 상황에서 엔진만 새로 갈겠다고 억지 부리는 것과 같다. 괜찮은 엔진을 어렵사리 구해 꾸겨 넣는다 해도 안정적인 출력이 발생할 리 만무하다. 그런 차로 효과적인 주행 성능을 기대하는 건 '혁신'이 아니라 어떻게든 사업을 펼쳐서 돈을 더 벌겠다는 '과욕'에 불과하다.

애당초 회사가 오래됐다는 건 수익 창출에 꾸준히 성공해 조직이 건실하다는 뜻이다. G사는 미국의 그 유명한 커뮤니케이션 회사 N으로부터 고가의 컨설팅을 의뢰해 기존 사업 외에 세 가지나 되는 아이템을 추가할 만큼 저력 있는 회사다. 그러니 절체절명의 국면과 거리가 먼 상황에서 신사업을 도모하겠다면 그 확장이 진짜 혁신이 될 수 있도록 더더욱 전력을 다해야 한다. 절박하지 않을 땐 실제 그런 상황의 조직과는 비교 불가한 크기의 자유의지가 살아있기 마련이다. 여전히 강한 주관의 반발로 인해 역량을 최대로 쓰려는, 즉 유연해지고자 하는 시도가 방해받기 쉽다는 얘기다. 내가 느낀 G사가 딱 그러했다. 아직 너무 단단한 무언가가 많은 걸 반려하고 고사하고 있었다.

그래도 면접 당시 마지막으로 했던 말은 진심이었다. 아직 결과도 알 수 없을 때였지만 실패라고 쳐봤자 단 한 개뿐이다. 그리고 승부에선 때론 패배와 별개로 많은 걸 얻기도 한다. 나는 그 시험과 시간 동안 내가 지금도 훌륭히 기능한다는 것과 희망을 놓기엔 아직 이르단 것을, 더 버티고 싸워봐도 괜찮겠다는 걸 느꼈다. 그래서 그 이후 G사로부터 아무 연락이 오지 않아도 문제 되거나 실망하지 않았다. 그사이 또 다른 괜찮은 곳들이 나타났고, 나는 이미 그 면접들에 집중하고 있었다.

단지 무의미한 생각 몇 개가 들기는 했다. 과연 대표 M이 면접에 참석했다면 어땠을까. 본부장이 느끼게 했던 걸 그에게도 똑같이 할 수 있었을까. 그랬다면 그의 방침에 균열이 생기며 조금은 유연해질 수 있었을까. 과연 나의 '가치'와 그의 '기준' 중 무엇이 더 견고했을까.

때로는 분명하게 또 때로는 아슬아슬하게, 이러나저러나 안 풀리는 경우도 참 여러 가지다. 불운이 이렇게나 오래 지속되는 것도 이젠 그저 기이할 뿐이다.

챕터 4.

경솔함과 싸우다

[영혼의 토네이도]

J사 근무 당시 한국 지사장 T는 비교적 오랜 방식의 리더십 소유자였고 그에서 비롯한 지론들을 따랐다. 관리자는 부하 직원들보다 조금 늦게 출근해야 한다거나, 식사·회식 자리에 함께하는 걸 지양해야 한다는 것들이다. 또 그 외적으로도 올드스쿨적인 면이 있어서 사무실 이전을 기일에 맞춘다든지 재물 운과 관련된 식물을 잔뜩 구매하는 등 비과학적 구닥다리 풍속을 중시하기도 했다.

T는 성장 과정 중 가족 문제가 있어 조부모 한 분과 함께 자라느라 충분한 사회화를 겪지 못해 발달상 제약이 생긴 사람이었다. 그래서 대화 시에는 거의 항상 상대적으로 예민하고 날카로웠다. 하지만 내면은 소시민적이고 순수해서 꿍꿍이 없이 솔직하고 직설적이었고 취향도 극명히 드러났다. 따라서 모든 타입의 직원을 전부 능숙하게 다루지는 못했고, 겉으로는 상

호호혜적 대인관계가 서툰 사람 같아 보이는 그녀를 인간적으로 좋아하는 직원은 드물었다.

반면 몇몇 능력들은 상당히 뛰어났다. 비록 경영에 대해 깊게 공부한 사람은 아니어서 특별한 전문성이 있진 않았고 기본적인 사업 에티켓도 완벽하진 않았지만, 직관이 발달하고 사리에 밝아 사업적 판단력이 좋았다. 그래서 정말 실속 있는 파트너사인지 아닌지, 유효한 협업 · 계약이 될지 아닐지 등을 잘 가렸다. 비록 부드럽고 유려하지 않았을 뿐 대화 자체에는 적극적이었으며 리더다운 주도력도 있었다.

게다가 관찰력이 좋아 각 직원의 특성을 잘 파악했다. 능력 좋은 직원과 그렇지 않은 직원을 명확히 구별할 줄 알았으며, 팀의 분위기와 능률을 저해시키는 직원이 누구이고 또 그를 어떻게 처리해야 하는지도 알았다. 직원 시각에서는 잔인해 보일 수 있지만 개인적 친분이나 함께한 시간 따위에 연연하지 않고 조직을 위해서라면 일도양단에 해고하거나 타 지사 전출을 결정하기도 했다.

그렇다 보니 직원들은 심리적으로 내게 의지하는 경우가 많았고, 내가 본사 중역 M의 신뢰를 받아 사업을 리드하는 걸 다행으로 여기며 좋아해 주기도 했다. 이 부분에 있어서는 T 역시 별반 다르지 않았다. 단지 그녀의 상사인 M이 나를 신뢰해서가 아니었다. 애당초 제일 처음 나를 면접 본 사람이 그녀 본인이었기 때문에 T 또한 나를 믿으며 내게 많은 기대를 했다. 고지식한 면도 있고 투명해서 장단점이 잘 보이는 사람이었지만 바로 그렇기에 정치적이지는 않았다.

T는 조직관리와 결과만을 신경 썼고 나와 팀원들은 똘똘 뭉쳐 실무에만

집중했다. 그 결과 월매출은 수 개월간 넘지 못하던 ○○억 선을 금세 넘었고 곧바로 중반을 향하기 시작했다. 볼륨업 대상이었던 몇몇 주요 수치는 본래 2019년 이사분기 종료 시점의 목표치를 각각 20~25%씩 초과 달성했다. 연말쯤 되면 월매출이 계획대로 122%까지 상승할 수 있는 마일스톤을 확보한 성과였다.

그렇게 기분 좋은 삼사분기를 맞이하고 7월 중순쯤 되었을 때 새 지사장으로 Q가 온다는 소식이 들려왔다. 누구도 예상하지 못한 갑작스러운 교체였다. 타 지사로 발령 난 T는 남은 식료품을 주겠다는 이유로 나를 집으로 부르더니 대뜸 Q는 자신과 다른 사람이라며 **조심하라**는 말을 했다.

Q는 중일전쟁 당시 자국 항일 운동 최후의 보루로써 그 민족적 자긍심의 상징과도 같은 어느 지역 출신이었는데, 꼭 저 이북 괴뢰 집단 독재자 딸처럼 핏기 없이 싸늘한 얼굴에 광대는 튀어나오고 깡마른 여자였다.

차가운 건 단지 인상만이 아니었다. 그녀는 업무와 관련된 얘기 말고는 근무 내내 입도 벙긋하지 않았다. 일상적 대화도, 농담도, 웃음도 없었다. 무리와 섞이려고 하지는 않으면서 그저 자신이 무언가 필요하거나 궁금할 때만 말을 꺼냈다. 그건 선천적 사회성 결여의 문제가 아니었다. 거리를 두어 선택적 단절을 유지하는 방식으로 위계를 구조화하는 의도적 행동이었다.

Q는 회사의 모든 것을 바꿨다. 매우 세부적인 톱다운 방식으로 각 부서에 직접 업무 지시를 내렸고, 또 그 안에서 각 직원의 업무를 전부 다르게 일일이 분할했다. 사실상 '팀'의 개념을 없애면서 두 사람 이상이 모여 브레인스토밍할 근거를 제거해 버린 것이다.

그리고 모든 실무의 경과와 결과의 확인 역시 자신이 직접 관여하기를 원했다. 그 결과, 어리석게도 그녀 본인이 가장 바쁘고 피곤한 사람이 되었다. 떠안은 일을 종합하고 처리하느라 거의 매일 미련하게 늦게까지 일했고—심지어 저녁은 먹지도 않았다—결국 그 여파가 직원들에게 고스란히 되돌아와 스트레스와 불만이 쌓이기 시작했다.

완벽한 점조직화로 인해 자율적 참여와 업무적 시도, 다양한 방법론을 통한 프로젝트 수행 등은 자연히 전부 소멸했다. 그러면서 부서 간은 당연하고 같은 부서 직원들끼리도 서서히 소통과 공유 및 동기화에 문제가 발생했다. 유일하게 남은 소통 창구는 개개인이 지사장과 일대일로 통하는 길뿐이었으나 누구도 원하지 않는 유명무실한 채널이었다.

그녀는 모든 걸 직접 **통제**하려고 했다. 심지어 직원들의 소셜미디어까지 사찰하며 사생활에 부적절하게 개입했고, 이 사실이 알려지자 몇몇 이들은 서둘러 자신의 계정을 비공개로 전환했다. Q는 명백한 또 한 명의 일개 '빅브라더'였다.

Q는 독선적이었다. 어떤 의견을 제시해도 받아들여지지 않았다. 돌아오는 것이라곤 오직 그녀가 주장하는 논리뿐이었다. 전원회의는 형식적이었으며 의사결정 방식은 비민주적이었다. 직원들은 점차 말수가 줄어들었고 사무실의 생기는 소실되었다. 나를 비롯한 여럿이 일에 대한 열정과 흥미를 잃어 갔고 이직을 진지하게 고민하는 직원들도 생겼다. T가 지사장이었을 때도 그런 생각까진 하지 않았던 직원들이었다.

그렇게 Q가 시작한 변혁의 마지막 타겟은 바로 나였다. 우선 그녀는 우수한 팀워크로 나와 많은 일을 함께해 온 같은 사업개발팀 동료 K에게 접근했다. Q는 K에게 "왜 굳이 그의 리드를 따르느냐"며 사이를 갈라놓으려 했고 K는 내게 이 사실을 말해주었다.

Q는 거기서 그치지 않았다. 그 이후에도 K가 특별한 반응이 없자 그 대신 내가 입사했을 때부터 지근에서 손발을 맞춰온 직원 J를 포섭했고, J를 시켜 나와 K의 근태를 감찰하고 일거수일투족을 보고 받으며 사사건건 얼토당토않은 트집을 잡기 시작했다.

이 J는 1993년생으로, "현 주석이 아주 잘하고 있다"라거나 "자국의 한국전쟁 참전은 미국이 압록강 국경을 침범해 올라왔기 때문이다"와 같은 항미원조 시선 등의 왜곡된 역사의식을 공개적으로 서슴없이 내보일 정도로 특정 사상과 정부에 기반을 둔 자국 애국주의에 물든 사람이었다. Q는 그녀에게 "어째서 너보다 한참 늦게 들어온 **한국** 직원이 더 인정받으며 더 많은 권한을 갖고 있느냐"라며 민족주의적으로 접근했고, 이어 "언젠가 내가 떠나면 응당 네가 지사장이 되어야 하지 않겠느냐"라며 그에 어울리게 행동하라고 지시했다.

본래 친절하고 살갑던 성격의 J는 그때부터 '리틀 Q'처럼 행동하기 시작했다. 타 직원들과 어울리는 시간이 줄었고 말하는 본새도 마치 윗사람인 양 거만해졌다. 직원들은 입을 모아 J가 이상해졌다고 쑥덕이며 그녀와 같은 공간에 있는 걸 불편해했다.

Q는 뱀처럼 노회했다. 결국, 그렇게 업무적 손발을 전부 끊어 내가 점차 고립되게 만들었고 내 업무량 또한 서서히 감소시켰다. 자부심과 애정을 갖고 직접 관리하던 몇몇 특정 업무에 대해선 "중요하지도 않은 일"이라며 격하시키기까지 했다. 나는 2개월가량을 참으며 버텼고 그 기간 중 한번은

당시 이미 끊은 지 3년 정도 된 담배에 깊은 유혹을 받기도 했다(나는 여전히 금연 중이다).

그러다 결국 퇴사를 마음먹게 된 결정적 사건이 벌어졌다. 내가 관리하던 모든 국내 어카운트(파트너사)들에게 "더 이상 그와 업무적으로 소통하지 말라"라는 공문을 Q가 직접 보내버린 것이다. 경쟁사에서나 할 법한 비정상적이고 황당한 짓거리에 나는 할 말을 잃었다. 그것은 토사구팽하겠다는 강력한 압박이었다. 더는 억지로라도 업무를 수행할 방도가 없었다.

나와 K는 같은 날 퇴직했다. 이직을 고민하던 직원들도 이후 한두 달 간격으로 떠났다. Q는 모종의 임무를 완수하기라도 한 듯 고작 몇 개월 후 타지사로 돌아갔고, J가 그 뒤를 이어 한국 지사장이 되었다.

그렇게 3차 구직 시기가 시작되자마자 팬데믹이 전 세계를 뒤덮었다. 매일 셀 수 없는 사람들이 세상을 떠났다. 나라 안팎으로 갖은 갈등과 적개심 가득한 배타적 집단 이기주의가 팽배했다. 가뭄에 콩 나는 듯한 면접들은 아무 결과도 없었다.

그래서 시작한 G사도 수난의 연속이었다. 여러 방편으로 타개해 보려는 와중 한번은 해외에 거주하는 어느 한국인 업자와 업무 협약을 맺었다. 그는 제대로 된 계약서 한번 써본 적 없을 정도로 사업 경험이 부족한 사람이었는데, 저작권 침해와 그 처벌이 엄격하지 않은 국가에 머물면서 값싼 노동력을 이용한 덕분에 재산을 불릴 수 있었다. 어찌나 아마추어였는지 '계약'이라는 행위를 마치 속박이라도 되는 것처럼 부담스러워했고 계약서의 내용은 물론 '협약'이라는 개념도 똑바로 이해하지 못했다.

그는 오랜 시간 가족 사업 형태로만 일해온 탓에 정작 법적 보호 효력이 생기는 계약을 직접 체결하고도 파트너를 신뢰치 못했다. 그런 나머지 지나치게 조급하고 불안해했다. 한번은 혼자 흥분해서 씩씩거리며 "이 계약서를 찢어버리는 게 목표"라는 말까지 했다. 마흔 중반쯤 된 성인 남자가 아니라, 꼭 강제 수업 시간표라도 억지로 받아 든 철없는 학생을 상대하는 기분이었다. 그런데도 그가 나와 순순히 계약까지 했던 건 순전히 더 많은 돈에 대한 욕심 때문이었다.

결국, 그는 계약한 지 한 달도 채 되지 않아 불신과 초조, 의심으로 인한 분노의 늪에 빠져 스스로 무너졌다. 두 자녀까지 둔 그의 아내는 내게 온갖 원색적인 상욕을 일방적으로 퍼부으며 길길이 날뛰었다. 오만방자하고 안하무인격 태도가 하늘을 찌르고 있었다. 빈곤한 외국의 저임금 노동자들을 고용하며 살다 보니 그릇된 우월감과 물질주의에 푹 찌든 탓이었다.

당시 나와 함께 일하며 현장에 있던 팀장 Y는 몰상식한 저속함에 아연실색했고 내 옆에서 말없이 고개를 떨궜다. 나는 쏟아지는 욕설을 잠자코 들으며 한편으론 팀장을 향해 애써 미소 지어 보였다. 별일 아니니 너무 낙담치 말라는 무언의 메시지를 전하기 위해서였다. 하지만 속은 이미 새까맣게 타들어 가고 있었다. 겉과 속의 괴리감이 어찌나 크고 고통스럽던지, 도리어 욕설이 귀에 들어오는 족족 그 참담함 속에 파묻혀서 문드러졌다.

해당 프로젝트는 그것으로 끝이었다. 나 자신은 물론이고 국내 여러 관계사 대표를 비롯해 사업과 연관된 특정 다수가 동시다발적으로 돌이킬 수 없는 큰 피해를 받았다. 개인적으로 어려운 시기인데도 사업팀에 합류해 준 팀장 Y에게는 특히나 미안했다. 그리고 그 모든 책임은 당연히 나의 몫이었다.

억울하고 안타까웠다. 모든 상황을 정리하기까지 수일이 걸렸다. 그리고 딱 일주일 정도 되었을 때 모르는 번호로 전화 한 통이 왔다. P라는 헤드헌팅사의 B 이사라는 남자였다.

헤드헌터는 구직자가 승낙해야만 비로소 수익 창출 가능성이 열리게 되고, 추가로 정보 위탁 허락까지 받아야 한다. 하지만 소개하려는 채용 건은 웬만하면 이미 구직 사이트에 다 올라와 있는 것들이라 나태한 구직자에게나 효용성이 있다. 사실상 구직자와 헤드헌터들은 정보격차가 크지 않다.

물론 회사가 전략상 공개 채용하지 않고 몇몇 소수의 헤드헌팅사에만 의뢰하는 경우도 더러 있다. 특히 외국계 기업이 그렇다. B 이사가 들고 온 D사 건이 바로 그런 경우였다. 그러나 일반적으로는 헤드헌터를 통하지 않고 직접 지원하는 편이 당연히 회사 측에 더 좋은 인상을 준다. 직무 적합성을 스스로 판단할 줄 알고 쏟아지는 정보 속을 뒤져 자사를 찾아낸 적극성·근면성 있는 사람으로 보기 때문이다. 그런 연유로 헤드헌터들은 구직자에게 보통 저자세에 가까울 정도로 공손하다.

그런데 B는 그렇지 않았다. 그는 해외 유명 ICT 기업 D사가 국내에서 **어떤 서비스**를 출시할 예정이라며 사업 총괄자를 찾는다고 했다. 그러면서 본인이 이전에 이곳 D사의 인사과 소속으로 근무했다는 말을 덧붙였다. 그래서인지 다른 중개영업자들과는 달리 조금 더 D사 측에 서서 대변하는 느낌이 강했다.

"D사는 후발주자라서 시행착오를 겪지 않을 수 있는 전문가를 원하고 있습니다. 그래서 상열 씨가 이미 J사에서 같은 직을 맡으셨어도 이 자리와 이 일에 얼마나 자신이 있는지 확실히 물어봐달라고 하더라고요."

나는 마음이 썩 동하지 않았다. 우선 특히 그 업계에서의 해당 직무는 난도와 심리적 압박이 상당하다. 3차 구직 시기 내내 해당 서비스 회사를 전부 피한 이유다. 또한, D사가 얼마나 열의 있고 얼마만큼 제대로 뒤를 받쳐줄지 전혀 알 수 없었다. 또다시 이전과 같은 열악한 지원 속에서 각개전투하며 성과를 내고 싶지는 않았다. 더욱이 고작 며칠 전에 큰일을 겪어 정신적으로 황폐해진 터라 해당 직무를 상상해 보는 것 자체로도 금방 피로해졌다.

하지만 그와 동시에 오래전 전소된 마음속에 희미한 불씨가 일었다. D사가 런칭하겠다는 게 **J사와 똑같은 서비스**였기 때문이다.

"이 시장은 순전히 머니 게임입니다. D사가 타 서비스들에 비해 이미 많이 늦은 만큼 시장 점유율과 경쟁력을 확보하기 위해 공수를 투입할 의지가 얼마나 있는지가 가장 중요합니다. 만약 필요한 투자와 지원만 제대로 한다면 나머지 스케일업은 제가 확실하게 할 수 있습니다."

불씨는 걱정을 하나둘씩 집어삼키며 거의 화마처럼 커지기 시작했다. D사가 기대만큼 공격적이지 않아도 문제 될 것 없다. 내가 보유한 방대한 인사이트만으로도 충분한 디벨롭이 가능하다. 시행착오를 겪지 않게 되는 건 나 역시 마찬가지다. 오래된 업계가 아닌 데다 국내에 정상적인 탑티어 운영사는 손을 꼽는다. 그래서 전문 인력 또한 그리 많지 않다. 더군다나 주경쟁상대가 J사라면 그건 더더욱 나여야 한다. J사는 치명적 타격을 직접 받을 것이다. 동기는 단 하나뿐이었다. 하지만 그것은 아주 강력한 에너지를 분출하는 과학적이고 원초적인 구조로 이루어져 있었다.

며칠 후 서울 ○○구 소재의 한 공유 오피스에서 B와 만났다. 헤드헌터와 대화는 많이 해봤지만 만나는 건 처음이었다. B는 자신이 다른 헤드헌터들—이력서만 받아서 전달하고 마는—과는 다르다며 정식 추천 전 미팅이 필요하니 꼭 내방해 달라고 했다(그러면서 주차지원은 또 안 된다고 했다). 고객사와의 신뢰를 잃지 않기 위해 자신이 먼저 보고 판단하겠다는 의도였다.

B는 175센티 정도에 마흔 정도 되어 보였다. 예약한 회의실에 들어갔을 때, 그는 책상 위 손 세정제를 가리키며 한 번씩 쓰자고 했다. 그러면서 아무래도 애를 키우다 보니 코로나 이전보다 소독을 신경 쓰게 된다고 했다.

이어 그는 자신과 자신의 전 직장 D사에 대한 여러 가지를 자랑스럽게 소개했다. D사는 명문대 출신 아니면 뽑지 않는다는 이야기. 그리고 현재 한국 지사 대표를 포함한 임직원들 대다수가 T대학, W대학 등의 명문 출신이라는 이야기. D사는 본국에서 프로 스포츠구단도 소유할 정도로 크고 안정적인 기업이라는 이야기. 보통 이 국적의 회사는 올드하고 딱딱한 이미지가 있지만 D사는 그렇지 않으며 미국의 구글 같은 분위기에 가깝다는 이야기. 현 한국 지사 대표는 원래 유명 컨설팅 회사에 있었고 매우 똑똑하고 논리적인 사람이라는 이야기. 본인도 D사 HR에서 오래 근무하여 대표와는 호형호제할 만큼 가깝고, 이번 채용이 정말 중요해 대표가 직접 신신당부했다는 이야기. 그리고 지금은 본인이 헤드헌터로서 OTT 서비스로 유명한 N사 등을 비롯한 여러 인기 외국계 회사의 의뢰를 주로 담당한다는 이야기. 얼마 전 자신을 통해 그 N사에 입사한 사람도 기뻐하며 고마워했다는 이야기 등등, B는 채용과 관련 없는 별 얘기를 다 했다.

"D사는 들어가기 굉장히 어려운 회사고, 이곳으로부터 콜을 받는다는 건 정말 **기쁘고 감사해야 할 정도**의 일입니다.”

하지만 나는 그가 하는 말들을 들으며 혹하지도 않았고 크게 반응하지도 않았다. 걸어온 지난 길에 자긍심이 있는 사람은 조직의 명성이나 크기에 반하거나, 그 구성원의 학력과 지적 수준 따위에 압도되지 않는다. 그들이 내게 관심을 **베풀었다**고 한들 알랑거릴 일도 없다. 긍지는 깊이와 같고, 깊이는 곧 진중함을 뜻한다. 그런 사람이야말로 훌륭한 리더를 만날 수 있고, 리더다운 리더라면 그런 사람이어야 귀히 여겨 팔로워이자 동료로 받아들인다.

애당초 긍지란 충성과 협동의 가치를 중히 하지 않고는 형성되지 않는다. 그러니 진정으로 기쁨을 느껴야 할 때는 그런 리더에 발탁되어 팀 합류에 성공했을 때이고, 감사함의 순서는 하늘에 첫 번째, 회사와 나 자신에 두 번째, 그리고 세 번째나 네 번째 정도가 헤드헌터다.

게다가 꼭 우수한 사람으로 찾아달라고 따로 얘기할 만큼 한국 지사 대표와 B는 여전히 밀접한 관계에 있었다. 그것까지 인지한 마당에 사실상의 D사 측 사람 앞에서 긴장을 풀 이유는 없었다. 속에선 강한 동기가 일렁이고 있었고 면접은 벌써 시작된 것이나 다름없었다. 평소와 같이 흐트러짐 없는 자세로 듣고 대답하는 일 외에 더 필요하거나 가능한 것도 없었다.

그런데 B는 그간 경험과 달리—혹은 기대와 달리—본인이 던진 소개(영업) 멘트에 내가 특별히 들뜨는 기색이나 호응이 없는 것이 상당히 불만족스러운 듯했다. 그것이 만남 본연의 목적과는 아무 상관 없음에도 불구하고, 유명 기업들의 채용 건을 연결해 주는 본인에게 구직자들이 조아리거나 그런 자신의 역할로 쉽게 주도권을 행사하는 관계 성립이 익숙한 모양이었다.

"근데 사람을 굉장히 불편하게 만드는 재주가 있으시네요." B는 본인 기분이 못마땅한 원인을 뜬금없이 차분히 앉아 경청하던 내게 돌리며 빈정댔다. 자신을 양자 간의 위계 상 탑독이라 여기지 않고선 할 수 없는 발언이었다. 그는 자신이 한국 지사 대표를 대신한 **사전 면접관**으로 비추어진다는 것은 아예 자각하지 못하는 듯—또는 뒷전인 듯—했다.

"난생처음 듣는 얘기네요." 나는 태연히 대답했다.

"그런가요? 그런데 제가 왜 이렇게 불편하죠." 인기 회사 일자리를 중개한다는 영향력이 내게 미치지 않자, B는 그 무력감으로 인한 불쾌를 계속 표출했다. 그것은 약간이라도 틈이 있으면 학연이든 지연이든 나이 차든 이해관계든 어떻게든 사적 영역으로 엮어 들어가 조금 더 높고 편한 자리를 선점해서 대우받으려 하는 한국 사회의 고질적인 병리적 집착이었고, 나이도 마흔에 가깝고 처자식까지 있는 성인 남자라는 게 믿기지 않는 유치함이었다. 만에 하나 그런 이유가 아니라 해도 평생을 개별 개체로 살다 겨우 5분 전에 처음 만난 사내들끼리는 낯설고 편하지 않은 게 당연했다.

"글쎄요, 지금 저희가 개인적인 친분을 쌓으려고 만나는 건 아니니까요." 나는 내가 단지 자리에 맞게 행동할 뿐이며 그 목적 단 하나에만 집중하고 있음을 돌려 알렸다. 그가 원하는 식의 드라이브는 통하지 않으니 얼른 전환해 시선을 동기화하고 본질에나 집중하자는 뜻이었다. 그러자 B는 알아들었는지 더 이상 대꾸하지 않았고 그 이후로는 같은 드라이브를 걸지 않았다.

이어 그는 인·적성을 파악하기 위한 질문들과 J사를 그만둔 이유 등을 물었다. 그리고 앞으로 총 세 차례에 나뉘어 진행될 면접 방식과 각 면접에 면접관으로 나올 사람들의 캐릭터에 대해 설명했다.

"괜찮으시면 마스크를 좀 벗어볼까요? 눈 말고는 볼 수가 없으니까… 대신 반대로 제가 쓰고 있겠습니다." B는 내 인상을 제대로 보고 싶어 했다. 당시는 방역 수칙상 실내 마스크 착용이 필수였다. 나는 잘됐다 싶어 얼른 벗어버렸다. 답답함에서 해방되는 것도 좋았지만 맨얼굴과 표정을 보고 대화하면 아마 그가 한결 편하게 느낄 것 같았다.

"음… 나이에 비해 어려 보이셔서 오히려 면접 때 손해 보는 경우가 많으시겠어요."

나는 딱히 부정하지 않았고 터무니없는 몇몇 일화를 떠오르는 대로 말해주었다. 그러자 B는 D사 면접 땐 그런 일이 없을 테니 걱정하지 않아도 된다며 나름대로 면접 시 유용할 수 있는 몇 가지 팁—너무 기초적이라 유효하지 않았지만—을 설명해 주었다. 그러면서 **합격하지 못하는 것은 최선으로 노력을 다하지 않기 때문**이라고 했다. 논쟁이 필요한 자리가 아니어서 아무 말 하지 않았지만 나는 속으로 '이건 분명 잘못된 얘기'라고 생각했다. 물론 지원자가 열심히 해서 붙도록 격려하려는 의도란 것도 느껴지긴 했다. 나에게 그의 수익이 달렸으니 당연했다. 그래도 그 억양과 눈빛을 눈앞에서 본 바로는 그 명제가 그의 확고한 믿음으로부터 나온 것임을 감지할 수 있었다.

D사 때만큼 면접 준비 과정이 길고 힘든 적이 없었다. 평소보다 더 노력했거나 기존과 다른 새로운 방법들을 추가해서가 아니다. B의 마지막 말이 나의 근간을 흔들면서 스스로 의심케 했기 때문이다. 나는 준비 기간의

대부분을 '그간 치른 모든 면접에 진정 최선을 다하지 않았는가', '정녕 그렇기에 탈락했는가'에 대해 생각하면서 보냈다. 화상으로 진행된 1차 면접 당시, 시작까지 불과 몇 분 남겨놓고 휴대전화 앞에 앉아 기다릴 때까지도 머릿속은 과거의 복기와 회의로 가득 차 있었다.

하지만 나는 고민 끝에 매번 부정으로 결론 내리면서 나만의 루틴을 고수했다. B의 그 말이 신경 쓰여서 뭔가를 조금이라도 더 해보려는 생각이 피어오르면 칼같이 차단했고 도리어 덜어내기까지 했다. 시험은 평소 실력으로 치르는 것이고 그 실력은 평소에 꾸준히 기르는 것이 옳다는 철학을 되새겼다. 무엇이든 과유불급이고 지나치면 인위적이다. 취직과 면접 역시 이 진리를 벗어나지 못한다.

그런데도 마음을 다잡기는 쉽지 않았다. 바로 얼마 전 불상사를 겪자마자 또 다른 중대 이벤트에 곧바로 집중하는 건 꽤 어려운 일이었다. 해당 직무의 옛 경험으로부터 오는 미묘한 감정도 여전했고, 명문대 운운했던 B의 촌스러운 엘리트주의적 발언도 귓가를 맴돌았다.

그래서 면접이 가까워졌을 때 나는 집중을 위해 그런 잡념들을 역이용했다. 만약 상대에게 정말 엘리트주의가 있다면 나 역시 모교의 명예를 꺼내겠다는 식으로 접근했고, 이로 하여금 이것을 면접이 아니라 해당 업계에 관련된 학술적 토론처럼 여기도록 했다. 또 지난 경험에 대한 감정은 차라리 방치함으로써 근무 당시 업무 내용에 관해 입력된 정보를 샅샅이 끌어낸 다음, 토론 중 언제든 가용할 태세를 갖췄다.

그렇게 나는 거의 한 달에 걸쳐 D사와 총 세 번의 면접을 치렀다. 1차는 한국 지사 대표 L과, 2차는 본사 집행 임원 SS와 영어 면접으로, 마지막 3

차는 본사 IP 사업부 부사장 C와 함께였다. 결과는 합격이었다.

"면접을 잘 보시나 봐요. 열심히 준비하셨나요?" 전화로 최종 결과와 축하를 전하며 B가 물었다. 나는 **특별히 준비한 건 아무것도 없었다**고 무덤덤하게 말했고 그것은 진실이었다. 나는 신경 쓰였던 그의 마지막 말을 깊이 받아들여 나의 행적을 송두리째 부정할 수 없었다.

수없이 생각해 봐도 나는 늘 최선을 다해왔다. 나는 그것을 믿기로 결심했으며, B의 인본주의적 명제는 틀렸고 모든 게 운이라는 나의 명제를 증명하기 위해 항상 해오던 방식과 정도를 벗어나지 않으려 애썼다. 단지 이번에는 면접관 세 명 모두가 직책에 어울리는 인품과 지성, 자질을 두루 갖추고 있었고 또 내가 그런 사람을 셋이나 연이어 만나게 되는 운이 따랐을 뿐이었다.

운이라는 것은 참으로 놀랍다. 그러고도 내가 D사에 입사하는 일은 결국 일어나지 않았기에. 한 차례는 현재 미주 시장에 공수가 많이 들어가는 상황이란 이유로, 또 한 차례는 인도 시장 공략이 전략적으로 우선이라는 고위급의 결정이 있었다며 D사는 조금만 더 기다려달라고 연기에 연기를 거듭했다. 그러면서 B를 통해 꼭 필요한 사람이니 나를 잘 붙잡아달라고 했다. 세 번째가 돼서야 한국 시장 진출이 현재로선 불투명하다며 채용을 보장해 줄 수 없어 진심으로 미안하다고 전해왔다. 합격 통보로부터 무려 일 년이나 지난 시점이었다.

보따리장수와 붙어먹었다가 파국을 자초한 지난번 사업 때처럼, 이번에도 최종 무산의 후폭풍은 온전히 나 홀로 감당해야 했다. 누구도 탓할 수 없었다. 합격이 현실이 되자 나는 쓸데없는 사적 싸구려 복수심에 사로잡

했고 입사 후 실행할 업무 전략 등을 전부 미리 설계했다. 그리고 그와 동시에 찾아온 안락에 아주 깊이 빠져버렸다. 이제 모든 전투와 고행은 종료되었다고 여기면서 끝나지 않는 휴가를 즐겼다. 그간 고생에 비하면 이 달콤함이야말로 더 확실한 당위성이 있다고 합리화했다.

D사가 연기를 거듭할 때도 마찬가지였다. 물론 기업이 한 서비스를 시장에 내기까지 수많은 변수를 고려하며 검증에 검증을 거치는 것은 지극히 당연하다. 충분히 이해할 수 있는 부분이지만 그 외에 '더 휴식하게 되어도 좋다'라는 안일한 생각이 존재했다. 게다가 그렇게나 크고 유명한 기업이 면접관으로 주요 고위직 인사만 투입된 정식 면접을 세 번이나 진행한 채용을 정말 취소까지 할 줄은 꿈에도 몰랐다. 아니, 전혀 바라지 않았다.

이루 말할 수 없는 자책감이 나를 덮쳤다. 한량처럼 보낸 1년은 꼭 한 달 같았지만 일단 회한이 시작되고 나자 그것이 10년처럼 느껴졌다. 후회가 분노로, 분노는 비관으로, 비관은 자기 파괴로 변모했다. 스스로가 죽일 듯이 미웠고, 그 감정이 너무 고통스러웠지만 멈출 수도 없었다.

가혹하지만 당연한 대가였다. 계약서를 쓰고도 믿지 않았던 **누구**와 다를 바 없었다. 쓰지 않고도 굳게 믿었으니 어쩌면 그보다 더 어리석고 한심한 꼴이었다. 나는 "끝날 때까지 끝난 게 아니다"라는 요기 베라Yogi Berra의 그 명언이 역전해야 하는 상황만이 아니라 승리를 지켜내야 하는 상황에서도 똑같이 적용된다는 걸 까마득히 잊고 있었다.

구직 활동에 지친 상태는 그렇게나 방심에 취약하다. 지쳐서 무거워진 심신은 가벼움을 끝없이 갈구하고, 틈새로 스며든 경솔함은 정신과 시간을 순식간에 앗아간다. 정신없이 가벼워진 사람은 사실상 산 송장과도 같고,

이는 곧 시체보다도 못한 존재다.

　오만함·선입견·확증편향은 주로 회사 측이 자주 보이는 악성이다. 하지만 경솔함은 오히려 구직자들이 범하기 쉽다. 일반적으로 구직자는 대부분 '개인' 상태라서다. 개인은 외롭고 절박한 데다 결정적으로 아직은 어떤 조직 안에도 흡수되어 있지 않아서 위험할 정도로 가볍다. 외연도 없고 제 반도 없으니 안팎에서 여러 종류의 에너지가 가해지면 이리저리 흔들리기 쉬운 것이다. 외부적으로는 면접이라는 형태의 테스트가 대표적이다. 또 그 안에 사실상의 함정 질문이 포함된 모든 물음이나, 회사 또는 헤드헌터들의 갖가지 제안과 조건들, 그 외 주변 환경으로부터 기인한 것들 모두가 구직자를 흔들 수 있는 요소들이다. 하지만 경솔해지게 만드는 가장 치명적인 요인은 그런 외부 영향의 침투가 아니라 나 자신의 심리적 방심과 붕괴와 같은 내부적 균열이다.

　미래를 기대하되 도래를 기다리지는 말아야 한다. '운'이라는 통과선을 밟기 전까지는 계속 전진해야 하고, 또 그 운으로 말미암은 결과가 확실한 현실로 굳어질 때까지는 계속 발을 굴려 다져야 한다. 나처럼 굳지도 않은 땅 위에다 승리 선언하며 깃발을 꽂는 우매한 짓을 하지 않기를 바란다.

챕터 5.

저급함과 싸우다

[스톡홀름 신드롬]

오래전 한 유명인의 결혼식에 또 다른 유명인 하객이 자전거 운동복차림으로 참석한 일이 있었다. 사람들 대부분이 그를 비난했지만 가볍게 웃어넘기는 이들도 더러 있었다. 그들은 그 모습을 '경박하다'라고 하는 대신 '프리하다'라고 표현했다. 자유의 그늘 밑에 무질서를 방치하는 것을 대수롭지 않게 여기며 용인해준 것이다.

이후 시간이 흐르면서 사회가 더욱 병들고 삶이 각박해지자, 그 '자유'의 이름 아래로 도피해 와 그곳에 기대는 사람들이 늘어났다. 타인의 개입이 차단된 영역에서 자신을 마음껏 표출하며 안정을 찾기 위해서였다.

많은 이들이 자신의 분리된 자유에 거하며 그 권리를 주장하는 것을 서로 이해하고 적응하기 시작했다. 그러다 너도나도 할 것 없이 '내 자유'라는 동굴 속으로 계속해서 깊이 파고 들어가게 됐고 점점 그 협소한 안락함이 익숙해졌다.

이따금 동굴 밖으로 기어 나올 때면 '자기'와 '감정'이란 곰팡이가 온몸에 그대로 들러붙은 채 딸려 나왔는데도 "이것은 잘못된 게 아니라 다른 것"이라고 말하는 게 버릇이 됐다. 그러더니 온갖 균으로 뒤덮여 썩어 문드러지고 있는 서로에게 그 가치를 존중한다고 엄지손가락을 들어 보이며, 자신들은 수만 년 전부터 응축되어 온 사회적 규범과 학습에 구애받지 않는 신인류라도 되는 것처럼 이구동성으로 우기기 시작했다.

그렇게 자유가 비열한 만능 치트키로 변질하고, 전락해 버리면서 사회양식의 하한선은 희미해졌다. 선진과 전진, 상승과 발전은 어렵고 골치 아팠으나 후퇴와 쇠퇴, 추락의 여정에선 모든 걸 합리적이고 낭만적으로 포장할 수 있게 된 것이다.

국회의원을 4선까지 한 어느 유명 정치인이 "정치는 입이 아닌 가슴으로 하는 것"이라고 말한 것은 그 실례 중 하나다. 얼핏 그럴듯해 보이는 레토릭Rhetoric이지만 실상은 유권자들을 타깃으로 한 삼류 감성 마케팅에 지나지 않는다. 가슴으로 하는 것은 사랑이지 정치가 아니다. 정치는 초고도의 이성과 지성으로 하는 것이다. 행동하는 건 하나 없으면서 주야장천 매스컴 앞에서 입만 놀리고 사회관계망 서비스(SNS)에 글이나 깨작대는 것만 봐도 정치는 두뇌로 하는 것임을 알 수 있다.

정치란 곧 세상이고 세상은 수많은 과학적·체계적 조직의 집합체다. 만약 이 집단들의 정교한 구조 사이에서 낭만을 **내세우는 자**가 있다면 그는 순수한 사람이 아니라 영악한 사람이다. 반대로 낭만을 **찾는 자**가 있다면 그 역시 순수한 사람이 아니다. 그는 순진한 사람이다. 순진과 순수는 여기에서 그 차이가 분명히 드러난다. 순수한 자는 있는 그대로 바라보고 이해하며 기대하지만, 순진한 자는 현재에 집중하지 못하고 계속 엉뚱하고 이상적인 것을 바란다.

주의를 쉽게 빼앗기고 산만한 아동들이 딱 그러하다. 아이들은 집중력이 낮으니 진지할 수도 없고, 그러니 '수준'으로 평가할 만한 게 존재하지도 않는다. 하지만 아무도 아이들의 그런 모습을 이상하게 여기지 않는다. 비정상적인 건 성체에 아직도 유아적 특성이 남아있는 경우다.

사회는 그런 성인들을 가리켜 '철부지'라 규정하고 그들의 수준을 '저질'로 평가한다. 우스꽝스러운 복식과 언행을 일삼는 이들은 비단 TV나 유명인의 결혼식장에서만 볼 수 있는 게 아니다. 모든 업계, 모든 회사, 어디든 존재한다. 오늘날 우리가 진지함을 견디지 못하는 시대에 갇혀 살게 된 이유다. 이제는 진지하면 오히려 웃음거리가 되고 바보 같아지며 때로는 손가락질까지 받는다. 진지하지 못한 사람들, 즉 미성숙한 사람들과 또 그런 그들을 따르는 이들이 모인 세력이 그렇게 만들어 버린다.

2023년 초 종로구의 한 공유 오피스에서 있었던 일도 마찬가지였다. 나는 소프트웨어 전문 ICT 스타트업 L사에 지원했고 그곳의 면접을 보게 됐다. 사업 영역에 대한 익숙함, 그리고 전문 역량을 가진 직무란 점이 역시 지원을 결정한 가장 큰 요인이었다. 그밖에 건강한 재정 상태도 매력적이었고, 회사가 원하는 인재상과 해당 직무 자격 요건 등과도 완벽히 부합했다. 분명 우수한 업무적 퍼포먼스를 낼 수 있는 자리였다.

한 가지 특이했던 건 채용 공고 곳곳에서 눈에 띄는 표현들이었다. 이들은 자사를 '낭만이 있는 회사'라고 일컫거나 업계를 가리켜서는 '낭만의 시대'라 했으며 자신들의 사업은 '즐거운 탐험'이라고 비유했다. 또한, 선풍적인 인기를 끌었던 특정 영화에 등장하는 가상의 외계 종족과 자사의 정체성을 동일시하기까지 했다.

늘 지원 전에는 대표의 인적 사항을 확인하지만, 그래서 특히 이번엔 대표가 어떤 사람일지 궁금했다. 나는 어렵지 않게 사진을 찾을 수 있었고 그가 거의 같은 또래 남자인 걸 알았다. 덕분에 면접 당일 공유 오피스 문을 열어주며 맞이하는 사람이 그라는 걸 바로 알아볼 수 있었다. 176센티 정도에 서글서글한 인상인 그는 실제로 보니 나이 차이가 있어도 겨우 한 살 정도라는 게 확실히 느껴졌다.

그가 예약해 둔 회의실은 아직 다른 팀이 사용 중이었다. 그는 사무실에 있다가 다시 나오는 대신 나와 함께 로비에 앉았고, 그렇게 우리는 회의실이 비워지길 기다리는 동안 잠시 얘기를 나눴다.

대표는 이력서를 **재밌게** 봤다며 만나서 얘기 나눠보고 싶었다고 했다. 그러면서 음료를 권하기도 하고 어디에서 왔고 얼마나 걸렸는지, 주차는 어디에 했는지 묻기도 했다. 그는 친화력 있고 활기찬 성격이었다. 그런데 어쩐지 잘 다듬어지고 숙련된 느낌은 아니었다. 그는 처음 인사 나눴을 때나 같이 앉아 얘기를 시작할 때도 자신이 누군지 소개하지 않았고, 대화에선 그 나이와 직함에 어울리는 무게감과 안정감이 느껴지지 않았다. 그러기엔 뭔지 모를 무언가가 부족했다.

"이 건물도 그렇고 여기 주변은 다 주차하기가 불편해요." 대표가 말했다.

"네. 건물들이 너무 가깝게 붙어있어서 주차 공간을 넓게 확보하기가 어렵죠." 회의실은 여전히 사용 중이었고 대화 흐름이 나쁘지 않아서 나는 사담을 얹어도 괜찮겠다고 느꼈다.

"제가 오래전에 이 부근을 많이 다녔습니다. 지금도 근처 회사에 다니는 친구들도 있고 해서 이쪽은 친숙합니다."

"아, 그러셨구나. 여기도 꽤 많이 바뀌었죠? 새 건물도 많아지고." 그가 적극적으로 호응했다.

"네, 달라지긴 했는데 그래도 강남 쪽보다는 아직 옛날 모습이 많이 남아있어요."

"맞아요, 강북이 확실히 **낭만**이 있어요. 그래서 처음에 사무실 위치를 고민할 때 강남 쪽도 생각했다가 그냥 여기로 정했어요. 제가 이쪽에서 자라기도 했고요." 나는 그가 직접 채용 공고를 작성했음을 알아차렸다.

"저도 강남 쪽보다는 강북 쪽 분위기를 더 좋아합니다. 그리고 여기도 회사가 워낙 많아서 사업적으로도 나쁘지 않아요."

"맞습니다. 임차료가 워낙 비싸서 그렇지… 아, 이제 끝났나 보네요. 들어가시죠."

우리가 일어남과 동시에 근처 다른 자리에서도 여자 한 명과 남자 한 명이 일어났다. 각자 노트북을 하나씩 든 이들은 내게 가까이 다가와 눈인사하며 비워진 회의실로 들어갔다. 총 세 명의 면접관이었다. 나는 그중 한 명과 몇 분이라도 대화를 나눈 게 조금은 다행으로 느껴졌다.

"정식으로 다시 인사드리겠습니다." 대표가 일어선 채 말했다. 그런데 명함을 꺼내는 데에 필요 이상으로 시간이 걸리자, 그의 왼편에 선 작은 체구의 여직원이 가볍게 웃었다. 160센티 정도에 누가 봐도 네 사람 중 가장 젊어 보이는 그녀는 당찬 말투로 자신이 먼저 드리겠다며 명함을 건넸다. 개발자 C라는 직함 밑으로 이름의 알파벳 이니셜과 생년월일 조합으로 된 메일 주소가 나와 있었기에 나와 8살 차이가 나는 걸 알 수 있었다.

이어서 대표 오른편에 선 남직원으로부터 명함을 받았다. CTO 겸 이사 B는 평균 키와 보통 체구에 안경을 썼고 특별한 표정이 없었다. 그래서 인상은 약간 차가웠지만 역시 나와 같은 또래임은 확실해 보였다. 그리고 가장 마지막으로 대표 A의 명함을 받은 다음 다 같이 착석했다.

"너무 딱딱한 면접처럼 생각하지 마시고 편하게 대화 나눈다고… 그렇게 생각하시죠." 면접을 시작하는 A의 첫마디는 이미 숱하게 들어본 말이었다. 나는 비슷한 말을 들었던 지난 경험들이 주마등처럼 스쳐 갔고, 셋 중 가운데 앉아 자리를 리드하는 그가 오히려 밖에서 단둘이 마주할 때보다도 대표다운 분위기가 없다고 느껴지기 시작했다.

면접 전문성이 부족한 회사와 면접관에게는 몇 가지 특성이 있다. 그중 하나가 바로 '모호성(소극성)'이다. 이 성질은 특정 전형을 빚어내는데, 주로 그 전형의 초반부에는 '너무 본질적으로 접근하지 말자'라는 의미의 말이 심심찮게 나타난다.

이런 모습을 보이는 회사(면접관)는 공통점이 있다. 작고 젊은 회사, 말 그대로 HR이 따로 없고 대표를 비롯한 소수의 주축 경영진—또는 일반 직원—이 주로 20·30대인 신진급 회사들(특히 ICT 스타트업계의 인터넷 기업들)이라는 점이다.

이 회사들의 창업자들은 보통 기획/개발/마케팅/영업 직무 출신인 경우가 많다. 사실상 전방 부대 소속 전투원들과 같은 이 직무들은 서로 소통하고 연계 작전을 펼치며 지속해서 사외 채널과의 접점을 갖는다. 자연히 경쟁사·경쟁 서비스 분석 등에 능하고 시장 흐름과 업계 생리에 대한 이해도가 높을 수밖에 없다. 게다가 늘 프로덕트 자체에 집중하기 때문에 수익모델 분석 및 개발에 필요한 감각도 유지할 수 있다. 동종 업계 내 창업과 아이템 구상에 상대적으로 유리하고 또 그런 배움의 기회가 많은 환경에 있는 것이다.

그러나 인재 개발 및 인적자원 관리 등을 직접 경험했다든지, 관련 교육 프로그램을 이수하면서 깊이 공부한 사람들은 아니다. 그것이 경영지원(인사/총무/CS) 직무가 따로 존재하는 이유고, 재정적 여유가 크지 않을 땐 아웃소싱으로라도 해당 서비스를 지원받는 이유다.

경영지원 직무는 후방 부대라 할 수 있다. 이들은 전방 부대를 향한 여러 인적·물적 보급과 각종 관리·유지·지원 등의 사내 업무 수행이 최우선 임무다. 당연히 전투원들과는 주특기가 다르고, 특히 인사팀의 경우 채용과 인사 문제에 대해 학문적·이론적으로 훨씬 전문적인 견해와 경험을 보유하고 있다(그래야 한다).

하지만 그렇다고 해서 그런 인사팀의 존재가 늘 최상의 채용 결과를 보장하지는 않는다. 많은 회사가 채용 과정 중 인사팀의 역할을 서류 검토 단계까지로 한정하는 데다가, 이후엔 해당 직무의 실무진(임원진 포함)을 면접관으로 투입하기 때문이다. 아예 인사팀을 채용 공고 작성·게시·관리·응대 등 채용과 입사 전全 과정을 매끄럽게 관장하는 데에만 집중시키고, 서류 검토마저 실무부서에 직접 맡기는 회사도 허다하다.

반대로 인사팀에 지나친 권한을 부여해 특히 서류 전형이 유난스러운 회사들도 있는데, 그들이 처음 서류 지원 시 붙이는 조건들은 대체로 다음과 같다(개인적으로 이런 회사들은 마지막에 후술할 이유에 근거해 지원 고려 대상에서 무조건 배제한다).

- 시간이 지나치게 소모되는 과제를 요구하는 경우
- 이력서에는 기본적으로 자기소개서가 포함되어 있기 마련인데도 '입사지원서' 등의 문서를 필수라 우기며 별도로 요구하는 경우
- 그 개별 문서 또는 자기소개서에 포함할 내용을 아래와 같이 직접 일일이 열거하며 제출을 요구하는 경우
- (희망 연봉과 그 근거/해당 직무에 지원한 이유/지원 직무에서 수행할 업무와 본인 역량의 적합성/이 산업에서 일하려는 이유/동종 업계 회사 중 자사에 지원한 이유/본인이 자사와 어울리는 이유/본인이 특별한 점/직무 외적으로 본인이 사내에서 맡을 역할/단기적 관점(수습 기간)과 중장기적 관점에서 자사를 선도적 회사로 만들 계획 등)

이들이 이렇게나 유별나게 구는 건 오히려 깔때기를 거꾸로 해서 최대한으로 정제한 인원의 정보만 다루겠다는 방법론에 기인한 것이지만, 사실상 또 한 종류의 갑질에 가깝다. 위와 같은 요구를 한다는 건 채용 공고의 어조가 어떻든 그 내면에 '자사에 취직해 돈을 받고 싶으면 처음부터 우리가 원하는 대로, 시키는 대로 할 줄 알아야 한다'라는 저의가 깔려있음을 입증하는 꼴이다.

만약 그 생각이 단지 서류 전형 과정에만 적용되고 말 것이라 여긴다면 대단히 순진한 것이다. 부부가 일심동체이듯 부서도 마찬가지다. 조직과 서

비스 운영, 직원과 고객 관리 등 모든 부분에 있어 똑같은 철학이 공유되고 동기화되는 게 '회사'다. 종속 관계가 성립하기도 전부터 과도하게 요구한다면 법적 구속력과 '급여'라는 이해관계가 본격적으로 시작됐을 땐 어떻게 될지 상상해 보라.

더군다나 이들은 지원자의 적합성을 직접 분석 및 판단해야 하는 고유의 책임조차 지원자 측에 다 떠넘겨 버린 셈이다. 자신들이 가진 최고의 권리와 기회를 스스로 포기해 버린 것이다. 면접 시 예상치 못하게 던져야 할 질문들을 서류 전형에서 미리 다 물어버리는 통에 지원자는 얼마든 충분한 시간을 갖고 답변을 맞춤형으로 지어낼 수 있게 된다. 그렇게 짐과 책임을 떠미는 나태와 무능이 업무 지시의 당위성까지 확보되었을 때 어떤 현상으로 나타날지는 뻔할 뻔 자다.

이렇듯 이면에 있는 복합적 원인으로 인해 면접의 비전문성은 결국 완벽히 해소되지 않는다. 그런 전문성의 빈틈을 흐릿하게 하는 데 가장 효과적인 것이 바로 **모호성**인 것이다. 적당한 거리를 두는 것, 즉 소극적 자세가 일종의 대체재(대안)로써 점점 특성화·보편화되면서 '면접보다는 대화'라는 조삼모사식 표현은 아예 하나의 클리셰Cliché가 되어버렸다. 그런데 문제는 이 모호성이 곧 집중력 결여를 낳는다는 점이다.

물론 회사 측에서는 면접이 매일 있는 일도, 온종일 하는 일도 아니다. 따라서 '면접관'이라는 전문 직무가 따로 존재하지도 않고 양성하기도 곤란하다. 어찌 보면 면접관으로서의 경험과 능력이 부족한 편이 더 자연적일지도 모른다. 고작 몇 분 전 처음 본 사람에게 어쩌면 민감하거나 난감할 수 있는 질문을 하는 행위가 버겁게 느껴지는 것도 이해할 만하다. 하지만 일단 면접관으로 참석한 이상 그 역할과 분위기에 100% 집중해야 한다는 점이야말로 앞선 다른 얘기들보다 훨씬 자명한 사실이다.

운동선수가 보이는 퍼포먼스의 우수성과 저급성은 결국 플레이에 대한 집중력에 달려있다. 여러 환경적 요소의 변화가 부분적으로 불편할 수는 있어도 경기에 대한 집중만은 늘 변함없어야 한다. 그것이 프로와 아마추어의 차이이고 시합을 치르기 위해 노력해 온 상대 팀, 상대 선수에 대한 존중이다. 그런데 시합 직전 '난 집중하지 않겠다(못한다)'라는 뜻으로 "대충하자", "살살하자" 등을 말한다면 그것은 곧 상대방을 업신여기는 짓이자, '난 프로가 아니다'라고 실토하는 것이다.

스포츠에서도 그렇지만 면접에서도 이것만 한 무례가 없다. 그래도 일단 선언해버리면 면접관은 더 이상 직접적 · 적극적으로 질의할 수가 없다. 사실상 외통수에 걸리는 셈이다. 남은 수는 뱉은 말을 지키지 않는 이율배반, 아니면 수박 겉핥기식 소개팅 자리처럼 구는 것뿐이다. 하지만 연애 경험도 숫기도 없어 쑥스럽기만 한 사람처럼 일문일답식으로 돌려 묻고, 언어적 · 비언어적 행동에 구애된 국소적 · 지엽적 정보에 의지한 임의 추측으로는 사람의 진면목을 판단하기 어렵다. 결국, 그 자리가 아무 소득 없이 끝나거나, 또는 교제가 시작되더라도 시간이 지나면 양측 모두가 불행해지기 쉽다.

어떤 역할에 대한 부담과 어색함은 그 자격과 정당성이 부족하다는 무의식적 지각으로부터 비롯된다. 그럴 때 방법론적으로 접근해 볼 순 있겠지만 그 역할의 목적을 위한 필수 자세만은 견지해야 한다. 본질은 설정의 영향을 받지 않아서 어떤 방식으로 진행하든 결국 서서히 가장 근본적인 형태로 회귀하게 되는데, 이때 생기는 모순이 면접관을 우스운 존재로 만들어 버리기 때문이다.

간혹 면접자의 긴장을 풀어주려는 의도로 '대화' 얘기를 꺼내는 면접관도 있다. 하지만 그런다고 면접이라는 행위의 본질이 바뀌지도 않을뿐더러 정말 긴장을 푸는 지원자도 없다. 따라서 노련한 면접관은 결코 '대화'라는 구도를 인위적으로 설정하지 않는다. 이들은 양질의 질문이야말로 면접자의 긴장을 풀게 하고 양질의 대답이 나오도록 하는 **최선의 수**임을 안다. 자신과 상대방 모두를 신뢰하고 기대하니 정석대로 정공대로 임하는 것이다. 좋은 배우는 상대 배우를 믿고 연기하는 것처럼 말이다.

그러나 이 모든 내용에도 불구하고 비전문성 · 모호성 · 집중력 부족이 항상 문제를 일으킨다고 확언할 순 없다. 부정적으로 여겨지는 여러 조건이 조성하는 환경에서도 누군가는 고점을 받기 때문이다. 취직과 면접은 마치 '가위바위보 대회' 같은 것이다. 순전히 운이지만 결국 최종 우승자 한 명은 나오게 되어 있고, 그가 기쁨과 축하, 영예를 독차지한다.

편하게 대화하자는 대표 A의 첫마디를 들었을 때 나는 그 영광이 이번에도 내 것이 되긴 어렵겠다고 느꼈다. 여전히 머릿속에는 같은 말로 시작됐던 지난 여러 유사 면접의 과정과 결과가 저장되어 있었다.

"그래도 명색이 면접이니까 형식적으로라도 일단 자기소개를 한번 부탁드려도 될까요?" 딱딱한 면접으로 여기지 말자는 본인의 첫마디를 A 스스로 어불성설로 만들어 버리기까지는 10초도 걸리지 않았다. 게다가 자기소개는 요청하면서 정작 지원 동기는 따로 묻지 않았다. 그 바람에 소개가 끝나고 이력과 지원 직무와의 공통분모를 따져보기 시작했을 땐 질문이 지나치게 통합적이거나 단편적이었다. 지원 동기도 들었더라면 훨씬 구체적일 수 있는—그래야만 하는—질문들이었다.

하지만 오는 말이 고와야 가는 말이 곱다거나, 콩 심은 데 콩 나고 팥 심은 데 팥 난다는 속담을 면접에서도 통용해선 안 된다. 설령 질문이 짧거나 그 내용이 빈약하거나 핵심이 흐릿하더라도 대답은 늘 충분하고 또렷해야 한다. 프로 면접관의 질문은 보통 꾸밈없고 직접적이지만 간혹 속마음이나 사고력 등을 확인하려는 의도가 짙게 깔린 나머지 약간은 불친절하다고 느껴질 정도로 함축적일 때도 있어서다.

특히 초반부에는 마주한 면접관의 수준과 성향을 확신하기 어렵다. 따라서 답변의 자유도가 높은 질문일 경우 적당한 선까지 볼륨을 키운 대답을 던져보는 게 바람직하다. 우수한 회사(면접관)라면 더 심도 있게 질의 가능한 그 기회를 놓치지 않는다. 회사가 지원자를 훨씬 제대로 파악하게 되니 면접자에게는 좋은 운이 따를 가능성이 커지는 셈이다. 물론 이때 불운 역시 같은 비율로 증가하나, 당락은 각각 50%로 불변하므로 떨어질 때 떨어지더라도 일단은 행운 확률을 높여야 하는 게 당연하다. 카지노에선 베팅한 만큼 얻고 베팅한 만큼 잃지만, 면접은 그렇지 않다. 얼마를 걸든 이기면 전부를 얻고 지더라도 손실은 언제나 일정하다. 그러니 무조건 크게 걸어야 한다.

크게 걸라는 건 당당하게(배짱 있게) 임하라는 말이지만 꼭 자세나 태도 등의 외형만을 가리켜 그리하라는 뜻은 아니다. 기본을 지키되 수준에 맞게 구상한 전략을 담대히 유지하면서 나 자신을 명확하게 보이라는 뜻이다. 경험 많고 상식적인 면접관이라면 누구나 이 점을 주시하고 존중하며 고마워한다. 그것이 곧 자사와 채용 직무에 대한 면접자의 관심과 숙련도의 지표이며, 나아가 올바른 심사에 유용하기에 그렇다. 그러므로 꼭 필요하다고 판단되는 내용은 설령 면접관이 따로 묻지 않더라도 대화 흐름에 맞춰 적절히 버무릴 줄 알아야 한다. 그것은 면접자가 정직하게 추구해야 마땅한 정교한 전략이자 정당한 의무이다.

대표 A의 질문들에 대한 나의 대응도 이와 궤를 같이했다. 나는 너무 포괄적이고 국부적인 물음에 대해 각각 세부적이고 전체적 개념으로 접근한 답을 내놨다. 답변으로써 질문의 의의를 보충한 것이었지만 총량 자체는 평소와 다를 바 없었다.

그런데 정면에서 얘기를 듣고 있는 A의 반응은 어딘가 이상했다. 그는 중간중간 일반적으로 면접관에게선 볼 수 없는 표정을 지었는데, 마치 콧속이 간지럽기라도 한 듯이 미간과 입술을 씰룩거렸다. 혼자 다른 뭔가 우스꽝스러운 생각이라도 하는 것 같았다.

"어유… 강의라도 듣는 줄 알았습니다, 교수님한테." 어느 대답 하나가 끝나자 A가 가볍게 진저리를 치는 작위적인 시늉을 했다. 그러자 놀랍게도 그의 양쪽에서 웃음이 터져 나왔다. 본 적도 없고 상상조차 힘든 반응이었다.

그런데 어째서인지 A의 그 말에서 비꼬는 의도가 느껴지지는 않았다. 하지만 이미 말이 뱉어진 상황에서 속뜻을 따지는 건 아무 의미도 없었다. 단지 비정상적인 곳이란 사실만이 분명해졌을 뿐이었다.

나는 예전의 강남 거래소 면접이 떠올랐다. 이제 이 가위바위보 대회 참가 목적은 더 이상 우승이 아니었다. 그때와 같은 잘못을 반복하지 않음으로써 더 나은 사람으로 거듭났다는 걸 스스로 검증하는 것이었다. 그러기 위해선 마지막까지 최고 수준의 지원자 모습을 유지해야 한다. 그것만이 후에 자책하지 않고 떳떳할 수 있는 유일한 길이었다.

"그렇게 받아들이실 줄은 몰랐네요."

"아, 근데 좋았습니다. 제가 원래 분위기 메이커 같은 성격이라서요. 저희는 지금 팀에 그런 사람은 저 한 명으로 충분하다고 생각하고 있습니다." A가 해명하자 옆에서는 또 한 번 작은 웃음이 나왔다. 두 번 모두 CTO B보다는 개발자 C의 소리가 훨씬 크고 천진했다.

이후에도 직무 관련 얘기가 계속 이어졌다. 그런데 면접관 셋 중 질문자는 A가 유일했던지라, 회의실에 울리는 목소리라곤 한동안 나와 대표 A 둘뿐이었다. 나는 발언하면서 다른 사람들을 번갈아 살폈다. B는 주로 노트북 화면만 보고 있느라 눈이 마주치는 일이 적었다. 어쩌다 시선이 맞닿을 때면 눈길을 피하지는 않았지만 어째 내 이야기에 그다지 관심 있어 보이진 않았다. 반면 C는 허리를 꼿꼿이 펴고 초롱초롱한 눈으로 나를 바라보고 있었다.

"취미는 어떻게 되세요?" C의 첫 질문은 매우 사적이었을 뿐만 아니라 일차원적이고 부적절했다. 단순히 사적 영역을 묻는단 이유로 부적절한 것이 아니다. 당시 이십 대라는 점을 고려하면 당연하겠지만 그녀는 면접관으로서의 연륜이란 게 없는 티가 확연히 드러났다.

물론 대표가 동석을 요구했을 테고, 참석한 만큼 자신도 어느 정도는 역할을 다해야 한다는 책임감이 있었을 것이다. 하지만 본인 직책이 개발자이고 앞으로 한 팀이 되어 자신과 업무적으로 밀접하게 일할 포지션을 뽑는 자리라면 '개발자 또는 개발 부서와의 협업 경험'이라든지 '개발 영역에 대한 이해도' 등과 유관한 질문을 해야 했다. 취미 등의 지극히 개인적 성정을 알아보는 것은 이성 친구를 찾는 소개팅 자리에서나 쓸모 있는 물음이고, 면접 시에는 결혼 여부를 묻는 것보다도 효용성이 없다.

나는 앞서 C가 명함을 건네던 모습에서 그녀가 공적 자리에 참석해 인사하며 명함을 건네는 행동 양식을 비교적 새롭고 즐겁게 받아들이고 있다는 걸 느꼈다. 또한, C는 스스로 무엇이 예의인지 확실히 알고 있다는 걸 상대방에게 보이려는 듯했다. 그녀는 줄곧 똘망똘망한 눈과 올곧은 자세로 나를 주시하며 의식적으로 내 애기에 가볍게 고개를 끄덕였고, 나는 그 모습을 통해 그녀가 면접자 위치에서 벗어난 지 오래되지 않았을 것으로 추측했다. 거기에 너무나 순진한 질문까지. 나는 이곳이 그녀 경력의 시작점이란 확신과 함께 그녀와 비슷한 연령대인 친여동생이 생각났다. 그리고 이내 떠오르는 대로 취미 몇 가지를 말해주었다.

"…그리고 관심 있는 분야나 인물에 대해 그 배경이나 생애 등을 탐구하고 분석하는 것도 좋아합니다."

"항상 신중하게 생각하고 분석하면서 움직이시나요?" C 질문에 대답하던 걸 조용히 듣고 있던 A가 다시 대화에 참여했다.

"그렇습니다. 그래야겠죠." 나는 그가 무엇을 염두에 두었는지가 궁금했다.

지당한 것을 확인할 때는 언제나 어떤 의도가 있기 마련이다. 그리고 면접관이 미숙할수록 이 의도를 숨기려 애쓴다. '면접 대신 대화' 식에서라면 더더욱 그러하다. 직접 물으면 면접자가 질문 의도를 알아채고 그에 맞춰 대답할지도 모른다는 기우 탓이다.

그래서 그들은 의도를 숨기기 위해 주요 문장 성분 중 하나를 감추어 질문 범위를 보편적인 선까지 넓힌다. 그런 다음 그에 따라 일반화된 답변은 다시 본래 의도에 맞춰 아주 좁고 극단적으로 해석한다. 끝내 근본적으로는 '면접'이나 '질의'라기보단 홀로 **간주**하기 위해 떠보고 간 보는 저열한 행위에 더 가까워지게 된다.

실제로 많은 면접관이 실전에서는 악순환에 갇힌다. 파악조차 어려우니 신뢰는 더 어렵고, 신뢰치 못하니 무슨 말을 들어도 와닿지 않고, 느껴지지 않으니 또다시 판단이 서지 않는 패턴이다. 이런 경우 오히려 면접자가 적극적인 자세를 취해 면접관이 진정 묻고 싶은 바를 끌어내야 한다. 그러지 않으면 면접관이 혹여나 오해할 확률이 커지는 것을 방조 · 방관하는 셈이다. 하지 않은 일에 대한 후회가 이미 한 일에 대한 후회보다 훨씬 크듯이 면접에서는 한 말보다 하지 않은 말에 대한 후회가 훨씬 크다. 그리고 그 회사에서의 면접은 오직 그때 한 번뿐이다.

"기지를 쓰실 때도 있나요?" A가 면접 중 처음으로 연이어 물었다. 덕분에 먼저 파고들지 않고도 그가 무엇이 궁금해서 그러는지 알아차렸다.

"대표님께서는 아마 업무 중의 임기응변을 말씀하시는 것 같습니다."

"맞습니다." A는 연신 고개를 끄덕였다.

"마음먹으면야 기지를 발휘하는 건 쉽죠. 잘하기도 하고요. 하지만 아무때나 과용하지는 않습니다. 저는 기본을 최우선으로 합니다. 기본이 갖춰져 있지 않고 기지만 남발하면 파트너사나 클라이언트들에게 금방 수가 읽히게 되고, 그것 말고 다른 기술은 없다는 걸 간파당합니다. 임기응변은 야

구로 치면 기습번트 같은 거라…"그러자 이때 또다시 이해할 수 없는 작은 웃음이 터졌다.

"…번트가 효과가 있으려면 우선 타격 자체를 잘해야 하고, 그러기 위해선 오랜 시간에 걸친 연습으로 좋은 타격 메커니즘을 만들어야 합니다." 외국인 청중 앞에 나와 어설픈 외국어로 발표 중인 상황에 있는 기분에도 불구하고 나는 하려던 말을 꿋꿋이 마쳤다.

"저희가 일하는 방식은 좀 유연하고 빠른 쪽인데, 애자…"

"네, 애자일Agile이요. 홈페이지에도 그렇게 써두셨더라고요."

"맞습니다. 그래서 그런 식으로도 일해보셨는지, 어떻게 생각하시는지 해서."

A는 돌고 돌아 네 번째 발언에서야 비로소 묻고 싶은 본심을 내비쳤다. 질문 의도에 맞춘 선택적 긍정 또는 부정이 걱정스럽다면 애당초 두괄식으로 질문한 다음, 점진적으로 관련 경험에 대해 상세히 물으며 이력서와 대조해나가면 된다. 그것이 바로 서로 멀리 떨어진 채 출발한 두 사람이 **진정한 대화**를 통해 점차 거리를 좁혀나가 중간 교점을 찾는 이상적인 사회적 만남의 방식이다.

그런데 상대가 계속 출발 지점 근처만 맴돈다면 직접 다가갈 수밖에 없다. 결국, 누군가는 그래야만 하고, 이 면접에서 그 누군가는 줄곧 나였다. A는 이제 막 한 발짝 더 내디딘 상황이었지만 그마저도 신중하고 분석적인 걸 딱딱하고 느린 성질로 여기는 오해와 함께였다.

나는 우선 지난 경험 가운데 환경과 조건에 따라 계획적이거나 순발력 있게 해당 방법론이 사용된 프로젝트들을 꼽았다. 그러면서 특히 본 채용 직무는 내용에 맞춰 방법론을 전환할 줄 아는 업무적 유연성의 확보와 활용이 필수라고 설명했다. 그리고 군대에서 자주 쓰는 '신속 정확' 표현을 예로 들며 탄탄한 기본기 위에 숙련된 사람은 늘 두 가지 이상의 성질을 결합한 수행이 가능하고 또 그래야 마땅하다는 말을 곁들였다.

"혹시 번아웃Burnout이 온 적은 없으신가요?" 잠자코 듣던 C가 물었다. '취미'에 이은 두 번째 질문으로, 여전히 '직무'가 아닌 '나'라는 개인에 초점을 두고 있었다.

"글쎄요… 일하면서 그런 게 온 적은 없는듯한데요." 나는 비슷한 경험이라도 있었는지 빠르게 지난날들을 되돌려 봤다.

"한 번도요?" C는 약간 놀라운 얼굴을 하며 목소리가 높아졌다.

"네." 나는 무덤덤하게 대답했다. 없는 얘기에 억지로 살을 붙일 필요도 없었고, 계속 겉돌기만 하는 대화에 빠지고 싶지도 않았다.

"그럼 오기 전에 관리하시는 건가요?"

"뭐, 그렇다고 봐야겠죠." C는 무척이나 의아하다는 표정이었다. 저 자리에서 사람을 보기엔 아직 너무나 덜 영근 시선이지 않나. 나는 부드럽게 웃었다.

"제가 결코 많은 나이가 아닌데요. 그리고 번아웃이라는 건 한 십 년 이십 년 쉬지 않고 고된 업에 혼신을 바쳐 종사하셨거나, 체계적이지 않고 복지도 없는 열악한 환경에서 근무하는 분들이나 겪는 문제지, 모든 게 다 갖춰진 대도시 고급 공유 오피스에서 일하는 이삼십 대의 대화 주제로는 그다지 어울리지 않는다고 생각합니다. 요즘엔 평범한 피로감까지 자체 진단으로 심화해서 진짜 번아웃이라고 믿어버리는, 아니면 그렇게 믿고 싶어

하는 사회적 경향이 있는 것 같아요. 그냥 늦잠 잤거나 적정 수준 이상으로 섭취한 카페인 때문에 잠이 안 오는 걸 불면증 걸렸다고 친구랑 얘기하는 것처럼요. 마치 자신을 스스로 연약한 존재, 위로받아야 하는 영혼처럼 여긴달까요…"

나는 C에게 약간의 동정을 느꼈지만 어쩔 수 없었다. 내 생각, 무엇보다 솔직한 생각을 말할 의무와 책임이 부여된 시간과 장소였다. 그 정당성을 먼저 '교수님 강의' 운운하며 웃음거리로 만들어 버린 이상, 내게 주어진 권리를 더더욱 보수해야 했다. 그런 분위기에 괜히 주눅 들어 자신을 같은 수준으로 낮추는 행동이야말로 **진짜 우스운 일**이다.

"…저는 어떤 일을 하고 그 대가를 받는다면 그게 곧 프로라고 생각합니다. 단지 운동선수들처럼 수십, 수백억 대 연봉을 받아야만 프로인 게 아니고요. 근데 스스로 프로라고 자신 있게 말하는 직장인은 많지 않죠. 무의식적으로 돈의 규모가 프로를 규정한다고 생각하고, 그래서 기본도 루틴도 자기관리도 엄격히 하지 않으니까요."

C는 더 이상 무슨 말을 해야 할지 모르는 듯했고 세 번째 질문은 없었다. 그때, 웃음기를 머금은 A가 서류로 시선을 내리며 고개를 살짝 갸우뚱거렸다.

"제가 봤을 때는 취직에 진심이라기보다는 **재미**로 하시는 거 같은데…"

"네?"

나는 순간 내 귀를 의심했다. 삶이 통째로 부정당하는 건 정말 눈 깜짝할 새였다. 저절로 반문이 튀어나올 정도로 경악스러웠지만 어쩐지 이번에도 고의가 느껴지지 않는 점은 이상했다. 애당초 그럴 이유도 없거니와 의도

했다고 치기엔 너무 무식할 정도로 직선적이었는데, 그건 면접 내내 소극적으로 돌려 묻던 그의 캐릭터와는 전혀 상반된 방식이었다. 그리고 결정적으로 A는 순간 경색된 분위기 속에서도 뭔가 잘못됐다는 공기를 전혀 읽지 못하는 얼굴을 하고 있었다.

"…자기소개서가 정말 **재밌었습니다. 재밌게 읽었어요.**"

A는 조금 전 발언이 마치 마음속 혼잣말이라도 되는 듯 태평하게 말을 이어 나갔다. 수백 번 정성스레 수정하며 진심을 담은 문서를 십자 말이나 스도쿠Sudoku 같은 심심풀이 퍼즐 등에 대한 감상처럼 말하는 게 처음엔 영 못마땅했지만, 거의 동시에 문맥상 그가 실제론 '흥미롭다'라는 감정을 표하고자 한다는 게 느껴졌다. 단지 습관적 실수로 그보다 조금 더 보편적 초급 어휘인 '재미있다'를 쓰는 것이었다.

그 순간, 지금까지 이해하기 힘들었던 모든 현상이 전부 설명되는 한 가지 사실을 알아차렸다. 바로 A가 '서류'와 '면접' 등을 일종의 재미 요소로 여기면서, '채용'이라는 업무를 게이미피케이션gamification적 개념으로 접근한단 것이었다.

그제야 여러 가지가 연쇄적으로 이해되기 시작했다. 공고 곳곳이 '낭만' 같은 감정적 의미의 어휘로 수식된 것도, 비현실적인 SFX 영화가 인용된 것도, 개발자 C가 채용된 것과 면접관 자리에 앉아 있게 된 것도, 내내 농을 치며 웃던 것까지. 활기찬 성격에 부적절한 언행, 부족한 인지력과 재미 타령. 그는 성인 육체를 가진 소년이었다.

"제가 일부러 재밌게 쓴 부분은 없는데… 저는 그저 가감 없이 진술하게 썼을 뿐입니다." 나는 의도적으로 말을 흐리며 떨떠름한 티를 냈다.

"네, 네. 재밌어요, 재밌어요." A는 뭔가에 정신이 팔린 듯 같은 말을 반복하며 어수선하게 이력서 종이를 넘겨댔다. 내 말은 벌써 한쪽 귀로 흘린 것 같았다. 그러더니 앞서 지루한 강의였다는 듯 부르르 떨었을 때처럼 과장된 몸짓으로 시계를 쳐다봤다. 어린이가 어른 흉내를 낼 때와 같이 어색한 느낌이었다.

"어유, 벌써 시간이 한 시간 가까이 됐네요. 제가 특이한 능력이 하나 있는데, 화장실 가고 싶어질 때쯤 보면 딱 한 시간 정도 되더라고요. 이사님은 뭐, 더 물어보실 거 없으세요?" A는 무언가 굉장히 조급해 보였지만 그게 정말 화장실 때문만은 아닌 것 같았다. 단순히 한 자리에 진득하게 앉아 있지 못하는 느낌에 더 가까웠다. 요실금이라도 있는 게 아닌 한, 어떤 성인도 서른 중반쯤이나 되어서는 공적 자리에서 생리현상 때문에 안절부절못하진 않는다.

"네, 뭐… 대표님이 많이 물어보시니까…" CTO B는 마우스 휠을 크게 돌려 이력서 파일을 오르내리며 말을 흐렸다. 꼭 공부에 크게 관심 없는 학생이 시험지를 받아들었을 때의 데면데면한 표정이었다. 대표는 개발자 C에게도 같은 질문을 한 다음—그녀 역시 없다고 했다—마무리를 지으려 했다.

"근데 '신념이 없는 게 신념이다'라는 말이 무슨 뜻이죠?" 그때 B가 뜬금없이 소개서 내용 중 한 문장을 언급하며 물었다. 나는 단박에 그가 면접 전에는 물론이고 진행 중에도 이력서를 제대로 읽지 않았단 걸 알았다. 그가 거론한 문장 바로 앞뒤 맥락에 그 해설이 그대로 연결되어 있기 때문이다.

그것은 순전히 질문을 위해 급조한 질문이었고, C의 이전 두 질문보다도 영양가가 없었다. 적어도 C는 소개서에 이미 다 나와 있는 부분을 되물을 정도의 무의미한 짓을 하진 않았다. B는 면접 내내 단 한 번도 질문하지 않은 게 못내 걸린 모양이었다.

면접이 끝났을 때는 늦은 오후였다. 어느 동아리방 같던 공유 오피스를 나오니 사방이 직장인들로 가득 찼다. 내 앞의 한 무리는 건물 밖을 향하는 동안 업무 얘기를 계속했다. 그리고 출입문을 나와선 웃으며 손을 흔들어 인사하고 흩어졌다.

해가 지고 있었고 나는 퇴근 중인 인파에 금세 파묻혔다. 사람들 대부분은 지하철역과 버스 정류장이 있는 큰길가로, 나는 그와 반대되는 안쪽 샛길로 향했다. 낮고 누런 햇빛이 고층 건물들 사이로 스며들어 주변의 수많은 건물을 호박琥珀처럼 비췄다. 세상엔 회사가 정말 참 많아. 새삼 뻔하고 익숙한 생각이 들자, 그것은 이내 나를 한없이 짓눌렀다. 빌딩 숲속을 걷고 있는 나는 너무도 작은 사람이었다. 이 지역에서 출퇴근하는 것도 당분간은 일어나지 않을 일이네.

이윽고 주차한 곳에 이르렀을 때 나는 번듯해 보이는 사람들을 피해 숨 듯 자동차 안으로 들어갔다. 나만의 동굴 같은 곳이지만 이 협소한 공간은 내가 다시 감옥처럼 지긋지긋하고 숨 막히는 곳에 틀어박히러 돌아가게 해주는 기능밖에 하지 않는다. 나는 몇 차례 크게 숨을 들이쉬었다.

온통 퇴근하는 차들로 붐비는 도로는 활기차고 즐거워 보였다. 광화문 앞은 월대 복원 작업이 한창이었다. 저 광화문을 언제나 또 볼 수 있을지, 언제쯤 대문이 열릴지 전혀 알 수 없었다.

정비와 정훈

[Killing In The Name (세 가지 악성)]

2018년쯤 삼성동 모처에서 장병규 당시 4차산업혁명위원회 위원장의 강연을 들었다. 그가 강연을 시작하며 했던 말을 지금도 기억한다. 왜 스타트업을 하려고 하냐며 대부분이 망하니까 하지 말라고 했다. 그러더니 농담 반 진담 반이지만 진담에 더 가깝다며 부드럽게 웃었다. 그만큼 힘들고 어려운 길이니 고심하고 주의하라는 의미였다.

강연 주제는 스타트업의 성공과 실패를 나누는 몇 가지 요소에 대한 것으로, 사람(공동창업자)과 돈(투자), 아이디어 등에 관한 이야기가 주를 이뤘다. 그런데 만약 지금 내가 같은 자리에 서서 강연해야 한다면 나는 다르게 말할 것이다. "오늘날 회사가 망하는(지지부진 정체하는) 이유는 돈이 부족하거나 아이디어가 안 좋거나 공동창업자와의 불화 따위가 아니라 결국 조직화에 필요한 우수성 결핍 때문이다"라고. 그리고 그 저하와 결여의 원인 세

가지를 덧붙일 것이다.

이 세 가지 원인은 회사를 구렁텅이로 몰아넣는 요인인 동시에 좋은 회사를 열망하는 구직자의 경우 당사를 지원 고려군에서 가차 없이 제외하게 되는 요인이 되기도 한다. 좋은 회사를 마다할 구직자는 없다. 하지만 그러한 '좋다'라는 기준은 불분명하고 제각각인 반면 '나쁘다'라는 기준은 비교적 명확하고 보편적이다. 앞서 본 이야기들처럼 면접에 이르러 비로소 맞닥뜨리게 되는 것들이야 불가피한 만큼 어떻게든 현장에서 대응해야 하지만, 사전 인지할 수 있는 요소는 무조건 최대한 걸러내는 것이 상책이다.

첫째는 너무 빨라진 세상의 속도 때문이다. 인터넷, 스마트폰, AI 등의 기술 발전으로 인해 충분한 자금·자연적 성장을 완만히 이룰 수 있는 환경이 계속해서 소멸하고 있다. 이 때문에 정보 접근성과 가용성이 신체 나이에 알맞은 수용성을 아득히 초과한 상태에 이르렀다. 이런 시대적 변화는 이 순간에도 계속되고 있으며 현업에 있는 모든 사회구성원이 이 영향을 받았거나 받는 중이다.

그 가운데 직장 대표의 경우를 예로 살펴보자. 작은 사업부터 시작해 여러 크고 작은 성공과 실패를 모두 겪으며 차근차근 올라온 사람을 예전에 비해 찾아보기 힘들다. 이제는 누구든 직장 생활 몇 년 하다 그만두고 나와도 금방 대규모의 투자를 받아 회사를 세우고 대표가 될 수 있다. 하지만 그런 수십, 수백억 가치를 지닌 사업체와 많은 직원을 이끌 자격이 합당하거나 능력에 부족함 없는 사람이라고 보기는 어렵다. 그를 단숨에 대표로 만든 것은 결국 **VC의 투자**였지, **사람들의 인정과 추대**가 아니었으니까.

'대표'와 '리더'는 엄연히 다르다. 리더란 매우 특수한 사람이고, 그 책임을 질 수 있는 사람은 대부분 정해져 있다. 보통 어려서부터 그 특성이 드러나며 아주 오랜 시간 담금질을 거쳐 그에 필요한 능력·성품을 형성하게 된다. 그래서 리더는 대표도 될 수 있지만, 대표는 리더가 아니거나 끝끝내 되지 못하기도 한다.

둘째는 그 어느 때보다 팽배해지고 있는 개인주의 때문이다. 마찬가지로 정보의 접근성과 개방성이 확장되고 이를 뒷받침할 각종 디바이스 보급률이 높아지면서 개인의 정보처리 능력과 그 범위가 상상 이상으로 커졌다. 자연히 '집단'의 가치·역할·당위성은 나날이 약해졌고 세상은 지나친 개인주의에 서서히 침식당하고 있다. 하지만 업계는 이런 흐름에 아무 저항도 하지 않는다. 오히려 이것을 비용 절감의 기회로 보고 적극적으로 수용하는 추세다.

많은 회사가 직원들의 팀 문화 적응 및 팀 정신 이식을 위한 사내 교육 등에 투자하기보다는, 차라리 방임주의 노선을 택하면서 겉으로는 '자율', '책임', '자기 주도' 등을 강조한다(이는 채용 공고에서도 쉽게 확인할 수 있다). 그다음 한 팀의 업무를 한두 명이 담당하도록 배치하여 부서와 인력을 축소한다. 개인주의 성향이 짙은 젊은 세대가 팀으로서 융화하기를 힘들어하기 때문에—또는 기피하기 때문에—그들의 고용 효과를 극대화하기 위해 팀으로서의 시너지는 포기하는 대신 개개인의 결과치를 최대화하기로 한 것이다.

이런 시스템에서 근무하는 직원들은 어느 순간 개인의 한계에 부딪히게 된다. 업무와 책임을 분담하고 서로 의지할 수 있는 팀이 없는 데다가, 모든 대표가 리더의 역량을 가진 게 아니듯 직원 또한 모두가 높은 주체성을 가지고 있진 않다. 이런 직원들은 결국 회사 일이 너무 힘들다며 퇴사를 고민하게 된다. 하지만 정확히는 '일'이 힘든 게 아니라 '구조'가 힘들게 만드는 것이다. 그리고 그것은 조직화 역량이—또는 관심이—없는 바람에 세상의 흐름을 여과 없이 받아들이고 그런 환경을 조성한 대표(경영진) 탓이 크다.

바로 이 부분에서 한 가지가 여실히 드러나게 된다. 회사 웹사이트와 소개서 등지에 자주 보이는 "진정한 혁신으로 변화를 이끈다" 등의 문구가 그저 자신들의 매출 증대와 수익 다각화 도모를 거부감 없이 포장하기 위한 기초적 PR 기술에 불과하단 점이다. 기업들 대부분은 언제나 그렇게 한 발짝 뒤에서 세상을 따라간다. 이윤을 좇으려면 어떤 세상이든 빨리 수긍하고 동기화해야 하기 때문이고, 바로 그렇기에 어떤 '깊이'가 생기진 않는다. 돈은 꽤 벌더라도 조직 수준이 높아지지는 않는 이유다.

셋째는 가파르게 추락하는 도덕성 때문이다. 모든 회사가 BEP와 수익에 있어 자유로울 수 없다. 그것이 회사의 알파이자 오메가, 곧 정체성이기에 그렇다.

그중에서도 특히 스타트업은 투자자의 투자금 회수 이슈로 인해 늘 강한 압박을 받는다. 이런 상황에 전술한 두 원인까지 겹칠 경우, 플랫폼 경제를 매우 근시안적으로 보는 경향이 커지고 끝내 기업 윤리까지 무너지게 된다. 정체성(자아)에 대한 집착에 온 정신이 사로잡혀 버림으로써 조직에 결함이 생기는 것이다. 그렇게 정상적 사고와 기능을 하지 못하게 된 회사는 결국 플랫폼 가치(사업성)를 스스로 갉아먹게 된다. 그것이 곧 자신들이 생명줄인데도 말이다.

나는 3차 구직 시기 중 컨설팅을 의뢰받아 인적 네트워크 매칭으로 유명한 플랫폼 서비스 세 곳(A사-X서비스, B사-Y서비스, C사-Z서비스. 이상 ○○구 소재)을 분석한 적이 있었다. 이들 중 두 곳은 누적 투자액이 각각 수십, 수백억 대에 달하는 회사였고 나머지 한 곳은 모회사 시가총액이 수조 원대 규모인 거대 기업체였다. 그리고 평균 3개월 정도의 분석 기간 내내 나는 불쾌감과 실망, 실소를 금치 못했다.

놀랍게도 세 서비스 모두가 아웃소싱 시간제 노동자 또는 자동화 프로그램을 통해 작동하는 가짜 계정(유령 계정)을 심어둔 채 일반 사용자들의 과금을 유도하고 있었다. 순수하게 플랫폼이라는 구조의 유익함을 이용하려거나 도움을 받으려는 절박한 사람들을 타깃으로 한 무차별적 **농락**이었다. 그러면서 한편으론 블로그—심지어 그조차 위장용이었다—를 비롯한 정보통신망을 악용해 진실을 호도하는 텍스트를 퍼블리싱하며 무고함을 선전 중이었다.

또한, 이를 의심하거나 눈치챈 사용자들이 해당 플랫폼 내 커뮤니티 공간에 비판적 글을 게시하면 전부 삭제하고 있었고, 행여 발각되더라도 법리적으로 빠져나갈 수 있는 **특정 문구**를 서비스 사이트에 자그맣게 달아두었다. 그 유명세가 무색할 정도로 실로 졸렬하고 저열한 작태였다.

나는 이제껏 ICT 업계에서 일해왔고 구직 역시 늘 ICT 기반 서비스를 운영하는 회사가 위주였다. ICT 플랫폼과 디지털 미디어 콘텐츠 사업에 대해서는 직접 창업할 만큼 지대한 관심을 두고 연구해 왔다. 직접적 활동 주체였던 일들 가운데 이만큼 진중한 태도로 깊이 몰입했던 분야는 아마 록밴드 활동과 콘텐츠 제작 공부를 제외하곤 떠올리기 어려울 정도다. 하지만 분석했던 세 서비스의 경우, 전문 식견이 없는 일반 사용자들조차 단순 사용자 경험 측면에서 능히 문제를 느끼고 분별할 수 있을 만큼 그 기망의 정도가 심각하고 명백했다.

상황이 이러한데도 대대적 공론화 없이 세간이 잠잠한 점은 상당히 의심스러웠다. 나는 조사 끝에 해당 3사 중 두 곳이 근로계약 체결 시 기밀 유지 및 동종 업계 이직 금지 조항이 포함된 NDA를 체결한다는 걸 확인했다. 이는 아마 과금 유도용 파트타이머, 혹은 그 아웃소싱업체(주로 포털 사이트와 유튜브 등지의 댓글 프로파간다 공작을 수임받는 특수한 업체)에게도 비슷하게 적용됐을 것이다. 동종 서비스를 운영하는 다른 한 경쟁사의 경우 일찍이 내부고발자가 나왔고 언론 보도가 이어지며 큰 반향을 일으켰기 때문이다.

더불어 3사 내부에는 주로 은행 등의 금융기관에서나 봐왔던 리스크관리팀 또는 유관 직무 직원이 개별적으로 존재할 가능성도 있다(BD직이 병행하기엔 위험성이 큰 데다가, 서비스 내 콘텐츠 검열로 유명한 또 다른 회사는 위장을 위해 이 직무를 아예 전혀 무관한 이름으로 부르고 있다).

하지만 꼭 NDA 때문만이 아니더라도 어렵게 입사한 회사를 고발해 생존권 위협을 자초하려거나 사측의 법적 조치—사실상 금전적 여유를 앞세운 폭압과 겁박—를 상대할 재간이 있는 사원은 거의 없다. 회사가 '수익'이란 책무에 잡혀 있는 것처럼 사원들은 '월급'에 볼모로 잡힌 처지 아닌가. 그렇지만 직원 역시 그 엄중한 책임과 양심의 가책 앞에 마냥 자유로울 수는 없다. 눈앞의 이윤에 급급한 나머지 플랫폼이라는 거위 배를 가르고 기업 윤리까지 저버리는 소굴에 **멋모르고** 지원한 건 어찌 됐든 본인의 결정이었으니까.

이 밖에도 도덕성을 의심받는 중이거나 다른 여러 불법·탈법이 적발되어 처벌받은 ICT 회사는 숱하게 많다. 거기에 회사와 서비스가 어떻게 운영되든 수익만 챙기면 그만인 투자자, 월급만 받으면 되는 사원, 결국 이탈하고 앱을 삭제해 버리는 사용자까지 더해지면서 플랫폼 가치는 휴짓조각이 된다. 더 큰 문제는 지금 순간에도 새로운 회사와 플랫폼 서비스가 계속 생겨나면서 업계가 팽창하고 있고, 많은 이들이 계속 이곳의 취직 문을 두드리며 진입한다는 점이다.

금융기관에 대한 검사·감독을 위한 금융위원회나 금융감독원을 설치·설립한 것처럼, 이제는 정부(중소벤처기업부)가 스타트업 지원·육성 등에만 초점을 맞출 것이 아니라 장기적 차원의 스타트업 생태계 보호를 목적으로 그 건전성과 공정성 집중 분석·감독 업무를 독립적으로 수행할 독립 부처 또는 기관을 둘 때가 왔다고—이미 많이 늦었다고—생각한다.

중앙행정기관 급이 과하다면 적어도 체육계 비리 조사 기구인 스포츠윤리센터처럼 독립적 지위에서 스타트업계 비리 전반에 대한 직권조사 권한이 있는 법적 기구를 출범해야 한다. 그것이야말로 가장 근본적인 스타트업 진흥 및 구제 방안이 될 것이고, 나아가 회사들이 조직적 견실성과 우수성을 갖추게 되어 결국 구직·취직률 상승이라는 긍정적 효과까지 이어지는 발판이 될 것이다.

[드림 온 (플랫폼 서비스 회사)]

대학 졸업 후 시작했던 스타트업 S사의 미션은 "진정한 일로써 국가와 사회에 기여한다"였다. 현재 나와 같은 상황인 사람들의 여러 판단에 도움이 되려는 목적으로 이 책을 쓰기 시작했으니, 이 또한 여전히 같은 미션의 범주에 속하는 프로젝트인 셈이다.

그런 측면으로 보면 ICT 스타트업계에 대한 깊은 분석과 해설은 분명한 의의가 있다. 이제는 아무래도 ICT 서비스, 그중에서도 특히 플랫폼 운영사에 취직하는 경우가 많을 거란 생각에서다. 하지만 그를 꼭 장려하려는 취지는 아니다. 서문에서 잠시 얘기했듯이 단지 오늘날 이 업계에 관한 의견을 솔직히 밝힐 책임을 느낄 뿐이고, 또 그것이 좋은 참고가 되었으면 하는 바람에서다.

모든 것은 자신의 선택에 달려있다. 그리고 유연한 적용에 따라 또다시 달라진다. 이제껏 이 책에 담긴 모든 내용과 후술할 내용도 마찬가지다. 습득한 다음엔 자신의 상태에 알맞게 소화하고 균형을 맞춰야 한다. 언제나 콘텐츠 제작·제공자보다는 소비·이용자의 역할이 훨씬 중요한 법이다.

이제는 ICT 업계에 속하지 않았던 회사들도 자사 플랫폼 구축을 통한 플랫폼 시장 진출에 사력을 다하고 있다. 이것은 앞선 단 몇 가지의 이야기들만으로도 알 수 있는 사실이다. 그와 더불어 혈안이 된 게 바로 자사 서비스를 기반으로 한 IP(Intellectual Property, 지적재산)의 확보다. IP가 창출하는 다양한 가치를 적극적으로 활용해 부가 사업으로 확장하기 위해서다. 이 때문에 모든 IP는 각기 다른 회사에 귀속되어 철통 보안을 받기 마련이고, 이를 오픈 소스화해 무료 공개·공유하는 회사는 존재할 리 만무하다.

결국, 폐쇄적인 IT 패러다임이 IP의 영역도 지배하게 되면서 IP 사업에는 필연적으로 배타성이 따라붙는다. 어느 한 회사 플랫폼이 아무리 많은 IP를 보유한다 한들 동종 서비스 시장 생태계를 통합할 수 없는 이유다. 타사들도 마찬가지로 자체 플랫폼과 IP를, 즉 동일 배타성을 지니기 때문이다.

넷플릭스/디즈니플러스/훌루/HBO/애플티비 등의 OTT 플랫폼들이 각자 다른 콘텐츠를 독점 보유한 바람에 사용자가 나뉘는 현상을 떠올려 보자. 그처럼 ICT 스타트업들이 출시하는 앱 수와 IP 총량이 증가할수록 관련 시장 소비자는 갈라지고, 모든 매출과 수익의 잠재성 및 기대치는 하락한다. 애초에 내걸었던 '글로벌', '혁신' 등의 거창한 가치는 고사하고, 회사의 자본금이나 역량 환경으로 인해 당장 BEP 이슈부터 걱정해야 하는 처지에 가까워지고 마는 것이다.

이때, 의외로 많은 회사가 바로 이전 챕터에서 언급한 문제의 3사를 닮아가기 시작한다. 일단 IR용 자료에 채워 넣을 실적이나 꾸역꾸역 억지로 만들어서, 그걸로 또 다른 투자를 받아 활로를 모색—원색적으로 말하자면 생명줄을 연장—하는 게 사업의 전부가 되어버리는 것이다. 이들은 급한 불부터 끄려는 게 만성화되어서 브랜드 가치나 서비스 만족도야 어떻게 되든 점점 아랑곳하지 않게 된다. 결국, 지나친 배타성과 그 폐쇄성이 오히려 플랫폼 사업의 숨통을 조여버린 꼴이다.

'플랫폼Platform'이란 말의 뜻과 유래를 생각해 본다면 이런 흐름이 한없이 낯설고 애석하게만 느껴진다. 애당초 플랫폼은 열차역의 승강장처럼 편평한 곳을 뜻하는 말로, 다양한 목적지로 가려는 열차 이용객들의 움직임이 승강장을 거쳐 특정 가치로 바뀌는 '플랫폼 경제'라는 표현에서 유래했다. 그래서 본래 '플랫폼 사업'이라 함은, **사용자에게 선택권을 부여**해 특정 프로덕트 기반의 정보를 자유롭게 쓰도록 하는 서비스의 제공 및 운영을 가리킨다. 무엇보다 사용자의 **자유**가 곧 핵심인 사업이다. 그러니 폐쇄적 성질이 녹아 들어가 자유가 제한받는 서비스는 엄밀히 말해 더 이상 플랫폼으로 정의할 수 없다.

폐쇄형 서비스(넷플릭스)와 개방형 서비스(유튜브)를 '열차역'으로, 그 각각의 콘텐츠를 '열차'로 비유해 보면 그 이유가 더 극명해진다.

우선 폐쇄형 플랫폼(넷플릭스)의 경우,

- 이 열차역들은 승강장(플랫폼) 서비스를 제공하기는 하지만 단순히

제공만 하는 선에서 그치지 않는다.

- 오직 자신들과 계약한 열차(제작사)만 승강장 사용을 가능하게 해두었고, 그중 독점 열차는 그들이 독점한 지역으로만 임의 운행한다.
- 승강장 입장권(멤버십)이나 열차 탑승권(유료 콘텐츠) 등의 결제는 물론이고 심지어 열차 속도(스트리밍 화질 등의 내부 옵션)에 따라 저속열차권, 고속열차권 등으로 차등을 두는 등 곳곳에 제한을 걸어두었다.
- 결국, 특정 지역으로 가는 특정 열차가 필요한 경우(소비하려는 콘텐츠가 있는 경우)에만 이 열차역을 이용할 뿐, 사용자의 자유도는 극히 낮다.
- 그러므로 사실상 플랫폼이라기보단 **단방향 서비스**라고 보는 편이 더 적합하다.

반면 개방형 플랫폼(유튜브)의 경우,

- 이 열차역들도 승강장을 제공하지만 단지 제공만 할 뿐이다.
- 목적지(콘텐츠에 포함되는 정보), 그리고 운행에 필요한 열차(내용과 전달 방식) 모두 사용자가 자유롭게 지정하고 제작한다.
- 누구든 목적지를 설정하고 열차를 만들어 승강장에 정차(업로드)할 수 있고, 또 그 목적지와 열차가 마음에 드는 사람이면 누구든 자유롭게 이용할 수 있다.
- 또한, 그 모든 제작과 이용에는 기본적으로 어떠한 입장권·탑승권도 따로 필요하지 않다.
- 따라서 사용자 자유도가 월등히 높고 타 플랫폼에서의 사용자 유입,

타 플랫폼으로의 정보 공유, 타 플랫폼과의 제휴와 연동 역시 매우 원
활하다.

• 말 그대로 '개방형'이란 수식이 가능하며, 플랫폼이 원초적으로 기능
하는 덕분에 '생태계'가 조성된다.

원래부터 '정보', '콘텐츠'라는 이름의 열차는 끝없이 달리고 서로 갈
아타며 확산하는 성질을 내포했다. 이것은 아주 오랫동안 지속되어 왔던
거대한 시대적 흐름이자 민주 사회적 함의였다. 그 개방적 세상인 '인터
넷'의 뜻부터가 'Inter(서로 교차하는) Net(망)'임을 상기해 보면 이는 지극
히 당연한 사실이고, 불과 수년 전까지만 해도 전혀 화두가 될 만한 주제
가 아니었다.

그러나 근래 몇몇 기업들이 이와 반하는 이론을 택하면서 상황이 달라
졌다. 그것은 개방성으로 **흡수**해 나가는 게 아니라 폐쇄성의 크기를 막대
히 키우며 **잠식**해 나가는 전략이었다. 그리고 실제로 효과를 거두자, 더 많
은 회사가 이 방식을 따라 하기 시작했다.

자신들의 소프트웨어 파워를 자사 플랫폼에 국한해 놓고 오직 그 울타
리 안에서만 한정된 자유를 허락하는 이러한 폐쇄적 서비스 운영 정책은,
기업들 대부분이 세상을 한 발짝 뒤에서 따라간다는 앞 챕터의 내용과 곧
장 맞물린다. '국가'라는 거대사업의 주체인 정부의 메커니즘과 그 외 주요
기간인 정계·언론계 등의 프로파간다 기법을 업계가 벤치마킹한 것이나
다름없기 때문이다.

가령 현대의 몇몇 정부는 "자국/자국 체제/자국 민족이 우월하다"라고

주장하며 의도적으로 연결사회와 단절한다. 그다음 그를 통한 고립형 성장에 온 동력을 집중해 국내총생산을 높이면서 내부 통제에 애쓴다. 그리고 여러 기업도 똑같이 "자사/자사 서비스/자사 콘텐츠가 최고"라며 타사 서비스와의 연동을 철저히 끊어 각종 데이터 수치를 끌어올린다.

닮은 것은 그뿐만이 아니다. 이들 모두가 타국 등지에서 기인한 서비스는 아예 차단하거나 자국(자사) 서비스와 제휴할 수 없게 하는 대신, 대안 세계(대체재)를 개발하거나 자체 풀을 확장해서 이미 반토막 낸 자국민들의 권리를 생색내듯 보충한다. 또한, 그렇게 꿩 대신 닭—혹은 꿩과 유사한 신종—을 제공해 불만족을 희석하는 과정에서는 외산(외부) 서비스 자체와 IP, 영업비밀 등의 복사 및 복제, 표절 등의 행위도 서슴지 않는다. 이제는 어느 나라(회사), 어느 곳(서비스)을 가도 예전만큼 큰 특색 차이를 경험하기 어려운 이유다.

선전하는 것도 똑같다. 이들은 '침략'을 '해방'으로, '사과'를 '유감'으로, '지구온난화'는 '기후변화'로, '원가 절감'은 '친환경 소재'로, '음식점'은 '맛집'으로, '단방향 독점 사업장'은 '플랫폼'으로 말 바꿔 표현함으로써 그들의 진짜 책임·의무·목적 등을 교묘하게 숨긴다. 그러면서 평화, 국민, 소비자, 이용자를 위한다는 온갖 그럴듯한 명목으로 점철한 사명을 이용해 스스로 브랜딩한다.

그렇게 이들이 표방하는 비전·미션·주장·논리에 의의가 생기려면 어떤 종류의 결과물이든 그 완성도와 순도만큼은 분명해야 한다. 하지만 상식과 합리성이 결핍된 탓에 순전히 극성 지지층만 만족(구매)할 결과물을 쏟아내므로, 포괄적이고 대중적인 공감은 당연히 얻지 못한다. 그렇기에 오늘날 주요 각국의 국민/정부/정책/정치/언론/기업/서비스/소비자 모두에게서 극단적 성향이 발견되는 건 결코 미시적이지 않다.

심지어 이들은 모든 국민, 소비자, 이용자를 공략 또는 통합해서 지지를 구하겠다는 명분을 실현하지 않고 계속 뒷전으로 미루는 모습까지도 흡사하다. 이유는 단순하다. 지금까지의 방식과 전략만으로도 충분한 효과와 수익을 본 데다가, 또 그것들이 집토끼들마저 다 질려서 이탈할 정도의 반감을 일으킬 만큼 선명히 전체주의적이지는 않아서다(다르게 말하자면 눈뜬장님처럼 만들어 버릴 만큼 간교하기 때문이다).

이런 상황에서 괜히 정책의 다각화와 포용론을 시도했다간 그간 자신들 모습과의 차이만 적나라하게 드러나면서 스스로 비교 대상이 되어버릴 뿐이다. 그래서 일관되게 고수해 온 '선택과 집중' 노선을 쉽게 포기하지 못한다. 포기는커녕 도리어 폐쇄성을 더 키우기 시작한다. '쪼개기' 전략의 심화이자, 딜레마의 개화인 셈이다.

아마도 2017년쯤, 김봉진 당시 배달앱 서비스 '배달의 민족' 운영사 '우아한 형제들' 대표의 강연에 참석했다. 그는 "마케팅용 홍보 문구를 만들 땐 어떻게든 '1위' 표현을 집어넣어야 한다"라고 했다.

가령 한 화장품 판매 서비스(브랜드)가 있다고 할 때, 동종 업계 전체 1위가 아니라면 '**여자** 화장품 판매 1위'로. 그것도 안 된다면 '**30대 여자** 화장품 판매 1위'로. 그것도 못 된다면 '**수도권 30대 여자** 화장품 판매 1위'로. 그것도 힘들다면 '**오후 ○시 동 시간대 수도권 30대 여자** 화장품 판매 1위'라는 식으로 계속 좁혀 들어가서 자사가 1위인 조건을 찾아내라는 얘기다.

비록 미약한 시작일지라도 최대한 영리하게 마일스톤을 쌓으며 확장해

나가라는 것이 그가 말한 팁의 본질이었다. 그런데 현재는 오히려 그런 '쪼 개기' 자체를 사업의 궁극적 목표로 삼아버린 스타트업 회사를 많이 볼 수 있다. 그것도 아주 급진적으로 말이다.

실례를 들어보자. 명품 소비 바람이 거세지자 너나 할 것 없이 명품 전 문 판매 앱을 제작해 출시했다(편의상 '명품'으로 표기할 뿐 개인적으로 이는 잘못 된 어휘이며 '사치품'이 옳은 표현이라 본다). 그러면서 명품 및 소비자 시장 등과 관련한 온갖 데이터를 긁어모아 푸가지에 불과한 긍정적 추산치를 문서화 해서 투자를 유치한다.

하지만 가뜩이나 대중적이지 않은 시장을 공략하는 마당에 동종 앱 간 의 유혈 경쟁이 불 보듯 뻔해지자, 회사마다 10대/20 · 30대/40 · 50대/남 성 · 여성 등으로 서비스 접근성을 각각 다르게 나눈다. 이렇게 몇몇 선발 주자 앱들의 시장 점유율 선점이 얼추 마무리되자, 그다음엔 명품 판매 앱 대신 명품 전문 수선 앱이 등장하고 또 그 뒤를 이어 명품 공유 앱, 명품 투 자 앱, 명품 세탁 앱, 명품 중고 판매 앱 등등이 나타난다. 마치 생물이 생식 할 때 세포분열이 일어나 세포 수가 기하급수적으로 불어나는 과정과 비슷 하다.

문제는 이런 식으로 별의별 당위성을 억지스럽게 갖다 붙이며 단일 시 장을 하나하나 조각내는 사업화의 경우, 모세포와 동일한 세포를 만드는 체세포분열이 아니라 염색체 수가 반으로 줄어버린 배우자세포를 만드는 감수분열에 가깝다는 것이다.

이것은 A라는 시장 자체(모세포)와 비등한 또 하나의 파이(시장 B)를 늘어 나게 하는 미래지향적이고 생산적인 증식이 아니다. 염색체라 할 수 있는 이용자 수와 기대 수익은 계속 줄어들 수밖에 없는 자기 파괴적 사업이다. 이득의 총합이 0에 불과한 제로섬 경쟁인 꼴이다. 그러면서도 홈페이지와 회사소개서, 채용 공고 등에서는 자사와 그 서비스가 시장을 혁신하고 선도한다고 외치지만, 참으로 무언가를 혁신하고 선도한 것은 없다. 당장 예로 들고 있는 이 명품 관련 시장에서 유일하게 진정 혁신하고 선도하는 곳은 오직 새롭고 창의적인 디자인의 상품을 제작해 내는 '명품 브랜드'뿐이다.

유행만 하면 소위 떴다방 식으로 한탕 해보려 달려드는 불나방 스타트업들과 그들의 별무신통한 서비스는 명품 말고도 캠핑, 골프, 메타버스, 헬스, 킥보드 등등 셀 수 없는 시장에 차고 넘친다. 그러나 정작 이들에게는 많은 게 없다.

이들은 '대중성 확보'와 같이 사업의 진정한 어려움을 타개할 만한 의지도, 번뜩이는 사업적 아이디어도, 그럴 역량이 있는 조직 구성 능력도 없다. 내세울 것이라곤 그저 누적 투자 유치 금액뿐이다. 또 이들 대부분은 어떠한 근본적 차별성도 없다. 그러니 일단 갈라쳐서 터를 잡고 담을 세운 다음, 그곳에서 아예 젖줄이 말라버릴 때까지 뽑아내겠다는 심산 말고는 사업을 지속해 나갈 특별한 방도가 없다.

그렇게 타깃팅 풀이 의도적으로 좁혀진 탓에 한 번 확보한 지지층에 대한 집착은 가히 편집증적이다. 감시와 제한, 규제와 통제가 나날이 심해지면서 서비스 이용자들은 왠지 어딘가 무겁고 답답한 분위기를 느끼게 되고, 어느덧 그 속에서 나 자신이 서서히 숨 막히고 있단 걸 깨닫게 된다. 무분별한 쪼개기식 난립의 유행으로 특별한 IP와 그 배타성이 없는 회사들까지 협소하고 폐쇄적인 운영 방식을 답습·자초하면서, 플랫폼의 대중적 정체성이 단방향 서비스 일색으로 변질되어 버리고 만 것이다.

그리고 그 폐쇄성은 단지 서비스와 이용자에게만 영향을 끼치지 않는다. 기필코 돌고 돌아 회사의 모든 조직과 직원에게까지 다다른다. 그러니 만약 ICT 플랫폼 회사에서 커리어적으로 성장하겠다는 뜻이 있다면, 과연 그런 곳이 취직에 적당할지 분명 숙고해 볼 일이다.

유명 회사들이 출시한 앱이 이용자들을 위한 서비스인 것은 사실이다. 하지만 이용자들의, 이용자들에 의한 서비스라고 볼 수는 없다. 플랫폼으로 보는 것은 더더욱 무리다. 그것들은 그저 PC 버전 웹사이트를 스마트폰에서도 쓸 수 있게 해주는 애플리케이션, 즉 '기능적 도구'에 불과하지 결코 이용자들이 직접 밭을 갈고 일굴 수 있는 생태계적 플랫폼이 **아니다**.

오히려 오늘날이야말로 자유가 귀하다. 그중에서도 플랫폼을 빙자해 자사 상품의 끝없는 소비를 종용하는 시스템 안에서는 특히나 그렇다. 절이 싫으면 중이 떠나야 하듯, 사장 마음대로 하겠다는 영업장에 손님 자유는 없다. 무언가 마음에 안 들면 사장은 떠나라는 식이고 손님 역시 다른 가게 가면 그만이라는 식이다. 비토권 따위가 있을 리 없고 심지어 비판의 자유와 권리마저 없는 경우가 많다. 그러지 않는 경우엔 여기저기서 "법적 조치 하겠다"라는 말부터가 숨 쉬듯 평범하게 튀어나온다.

자유시대, 자유국가에서 태어난 우리 현대인, 소비자, 이용자들은 이 모든 것이 얼핏 신상이 굉장히 자유로운 덕분이라고 여기기 쉽다. 하지만 실상은 위선과 가식이 만들어 놓은 제약에 손발이 묶여 찾는 **대안의 자유**인 경우가 많다. 여러 플랫폼 속에 구속된 채 소진되는 정보와 콘텐츠들 역시 마찬가지다. '철마는 달리고 싶다'라는 말처럼, 이것들은 사용자들에 의해 자유롭게 편집되고 가공 및 재생산되어 이곳저곳으로 퍼져나가기를 바라고 있다.

정녕 ICT 플랫폼 업계에 취업하고 싶다면 우선 무엇이 플랫폼 사업인지부터 고찰해 봐야 한다. 회사들이 홈페이지와 회사소개서에 명시한 비전을 그대로 수긍하지 말고, 직접 그들의 서비스를 분석한 다음 그 비전의 실체를 적의 판단할 줄 알아야 한다.

가장 개방된 생태계로써 포용력 있는 플랫폼. 무엇보다 사용자가 신뢰하고 만족하는 기준을 제시하며 사용자와 함께 만들어 가는 플랫폼. 그건 IP가 가장 많거나 그 소프트웨어 파워가 가장 강한 서비스가 아니다. 가장 자유로운 서비스가 곧 진정한 플랫폼이다. 그것이 바로 플랫폼 서비스 기업이 지향해야 할 점이며 구직자가 지원할 가치가 있는 곳이다.

[혈액형 (세 가지 특성)]

헌신하고 인정받을 수 있는 곳에서 오래도록 쓰임 받기를 바라는 마음은 누구나 같을 것이다. 나 또한 같은 마음으로 그런 가치를 머금은 곳을 찾으려 애써왔다. 하지만 정해진 시간마다 구직 사이트를 살펴보는 것만으론 너무나 부족했고 앞길에 대한 고심은 좀처럼 줄어들지 않았다. 채용 시장엔 바로 앞 챕터에서 언급한 부류도 많지만, 그 외에도 자신이 중요시하는 가치와 상충하는 회사가 지천이라서다.

개인적으로 나는 인간의 창의성을 말살해서 종국엔 AI가 인류를 넘어서게 하는 일 따위엔 어떤 형식으로든 일조하고 싶지 않다. 확장 현실이든 가상 현실이든 메타버스든 버츄얼 휴먼이든 그런 무의미하고 조악한 합법적 환각 상품을 확산시키고 그에 빠져들게 만드는 일에도 전혀 기여하고 싶지 않다. 스마트폰 하나만으로도 이미 병폐가 심각한데 눈과 귀까지 덮고 우스꽝스럽게 행동하는 사람들이 이 집 저 집 넘쳐나는 기괴한 모습을 상상하면 실로 처참해진다. 나는 그렇게 인간을 지금보다 더 쓸모없고 비참한 존재로 전락시키는 일에는 일절 개입하고 싶지 않다. 그래서 그런 서비스 운영사에서 이용자들의 주머닛돈을 긁어모아 임원들의 곳간과 내 배를 불리는 데 역량을 쏟는 건 내겐 최악의 삶이다.

하지만 아쉽게도 자신이 속해야만 하는 곳, 또는 자신을 위한 자리라고 확신하게 되는 일자리가 날이면 날마다 생겨나지는 않는다. 특히 코로나19를 기점으로는 모든 업계 모든 직무의 일일 신규 채용 공고 총량이 극심히 감소했고, 그 여파는 2023년까지도 지속되었다. 최근 수년간 꾸준히 구직 사이트를 봐온 사람이라면 누구나 그 감소세를 체감했을 것이다.

물론 이러한 불황이나 경기의 확장은 비즈니스 사이클에 따라 달라진다. 하지만 아무리 그렇더라도 한국의 경제성장률이 OECD와 IMF 둘 다 1%대에 불과하고, 잠재성장률 또한 빠르면 2025년부터 1%대로 하락이 예상되는 장기 저성장시대에서 업계 등용문이 조금씩 넓어지다가 어느 날 다시 활짝 열릴 거란 기대는 이제 현실적으로 하기 어렵다.

게다가 다수가 함께 조직적으로 일하는 공간적 가치를 회사들이 예전처럼 회복하거나 균일하게 이어갈지도 회의적이다. 그런데 회사 측에서는 또 역으로 구성원의 존재와 그 고용에 대해 회의적인 입장이다.

지금까지는 회사가 개인주의 시대·세대에 못 이겨 그 시류와 적당히 타협했다. 실제로 여러 ICT 플랫폼 운영사들이 인사/업무시스템/조직관리 등 상당 부분을 사회적 분위기와 타사, 그리고 구성원 눈높이에 맞췄고 사내 문화와 복리후생에 막대한 자원을 투입했다.

하지만 분기 실적 자료나 기업 조회를 바탕으로 분석해 보면 실적은 실적대로 제자리걸음인 곳이 한둘이 아닌 데다가, 여전히 안정감 없는 조직 운영은 갖은 문제가 끊이질 않는다. 직원들은 걸핏하면 사직·이직하고, 변명과 불평불만과 요구사항은 나날이 늘어만 간다. 조립형 컴퓨터를 샀더니 전기세를 훨씬 더 잡아먹거나 라이프 스타일에 맞춰 차를 샀더니 연비가 나빠 유류비가 더 드는 꼴처럼, 이윤을 내려고 사람을 뽑았더니 회삿돈이 줄줄 새는 형국이다.

구조만 갖춰놨을 뿐 모든 파츠가 제멋대로 작동하는 기계에 정상적인 퍼포먼스를 기대하기는 어렵다. 그렇긴 해도 그 회사나 서비스 인지도를 고려하면 이는 결코 가볍게 볼 일이 아니다. 특히 구직자에게 있어서 이 이슈가 심각한 이유는 회사가 그 사람들을 채용했던 **과정**과 그 내면의 **성질** 때문이다.

현재 업계는 '핏Fit'이란 말을 쓰지 않으면 입안에 가시라도 돋을 것처럼 상투적으로 애용하고 있고, 그런 통에 오히려 해당 표현이 쓰이지 않은 채용 공고를 보기가 힘들 지경이다. 면접에서도 마찬가지다. 회사(면접관)는 핏이 맞는지 확인하겠답시고 별의별 말초적인 것까지 전부 세세히 맞춰보려 한다. 하지만 그렇게 핏, 핏 타령하면서 분명 그토록 핏하다는 사람들로만 채워 넣은 결과가 바로 회사든 직원이든 골병 나서 픽, 픽 쓰러지기 일보 직전인 작금의 상황이다.

'핏'이라는 외래어가 오늘날 이토록 통용된 이유는 모든 게 압축된 디지털 형태로 정보화된 데 있다. 거기에 스마트 기기 덕에 그 접근과 열람이 매우 수월해지자, 온 세상을 한 손안에 쥔 창조주가 된 듯한 삶이 너무나 익숙해졌다. 그런 나머지 심지어 우리 인간에 대한 것마저도 같은 방식으로 파악할 수 있다는 무의식적 사고가 굳어진 것이다.

그러다 보니 서로 배려하고 융화하며 교정해 나가려는 생각과 노력은 쉽게 찾아볼 수 없게 되었다. 그 대신 맞춤 양복처럼 애초에 자신과 딱 맞는 부합성을 갖는 사람을 찾아내겠다는 욕심이 커지고, 또 그것이 실제로 가능하다는 집착과 망상까지 더해지면서 결국 인간관계의 생성·지속·심화 과정에 장애가 생기기 시작했다.

이런 모습은 스마트폰 구매 과정과 판박이다. 오늘날 이렇게나 정보 접근성이 확대된 건 PC에서 모바일로의 패러다임 대전환을 이끈 스마트폰 덕분이다. 그러니 스마트폰으로 대표되는 스마트 기기 구매 과정이야말로 이런 현상을 대변하는 가장 적합하고 상징적인 예시라 할 수 있겠다.

스마트폰 구매를 앞둔 사람들은 온갖 시답잖은 주제를 미주알고주알 캐는 콘텐츠를 끊임없이 탐독하며 고민거리를 스스로 증식시킨다. 전작 대비 CPU가 10% 향상됐다느니, 무게는 20g이 줄고 두께는 0.18mm가 늘었느니, 소재가 바뀌어서 손자국이 조금 덜 난다느니 하는 잡다함으로 가득 찬 내용이다.

이것들은 분류가 가능한 모든 부위를 심히 편집증적으로 조각낸 다음 주로 시각적·촉각적 감각에 초점을 맞춘 매우 단편적·단면적 정보에 불과하다. 하지만 그러함에도 불구하고 이런 자질구레한 정보를 찾아보는 과정은 마치 어떤 대단한 지식을 습득하거나 비밀을 파헤칠 때와 유사한 쾌감을 준다.

'마이크로 정보 중독증'은 그렇게 시작된다. 그리고 그 증세가 심해질수록 전체적 · 입체적인 판단을 주체적으로 내리기가 어려워진다. 중독으로 인해 정보 종합 체계의 완결성이 물러진 탓이다. 결국, 무엇에도 쉽사리 만족할 수 없게 되면서 또 한동안 탐색과 비교를 계속하게 된다.

그러다 마침내 자신이 원하던 완벽성을 찾아냈다고 기뻐하며 구매하지만, 실상 최종 결정의 요인은 병적으로 세분된 오만 정보의 무결함이 아니다. 단지 그중 겨우 한두 가지 정도의 소구점에 강하게 매료되었을 뿐이다. 그러함에도 그 결정의 원인이 '대상이 완벽하기(꼇하기) 때문'이라고 착각하는 이유는, 애당초 그 모든 프로세스가 '모든 게 정보화되어 있으니 비록 피곤하더라도 시간만 들이면 언젠간 꼭 부합성을 찾을 수 있다'라는 헛된 바람에서 비롯된 탓이다.

이런 심리적 현상은 결코 끈기 있는 행동의 결과라 볼 수 없다. 오히려 이것이야말로 **나태**에 가깝다. 애당초 부합성이란 찾아낼 수 있는 게 아니라 만들어 내는 것이라서다.

바로 그래서 이 현상은 결정권이 타인에게 있다는 이유 외에 또 하나의 근거로써 취직이 운에 달렸다는 명제를 증명한다. 그런 나태한 생각으로 잘게 가른 별별 걸 전부 따져나가는 번잡함 속에서 겨우 어느 한두 부분에 깊이 이끌리게 되는 건, 건초 더미에서 바늘 찾은 격이거나 소 뒷걸음질 치다 쥐 잡은 격과 같아서다. 그리고 그렇게 구매자에게 운이 따랐다는 말인즉슨, 당연히 판매자도 같은 운이 따랐다는 얘기가 된다.

정말이지 "뭐 하나 얻어걸린다"라는 상용구만큼이나 이를 잘 설명할 수 있는 표현이 없다. 비단 취직뿐만이 아니다. 오늘날 주변을 살펴보면 현시대가 얼마나 사소한 것들에 의해 견인 · 제동되는지, 또 그것들에 얼마나 광적으로 집착하는지 알 수 있다. 사람들은 이제 단선적이고 미세해서 차이를 구분하기 어려운 미묘함을 즐긴다. 반대로 크넓고 복합적인 형상이나 적극적인 성질은 까다롭고 부담스럽게 여긴다.

좁게 갈라진 현대인의 마음속에는 여유가 자리 잡을 공간이 그다지 많지 않다. 그래서 점묘법으로 그림을 완성하는 것처럼 창의적인 인고의 행위는 줄어들고, 무엇이든 점묘법의 역순으로 금방 해체해 나가는 기괴하고 변태적인 행동이 사방에 난립한다. 그렇다 보니 어떤 전자기기의 전작이나 타사 제품만으로도 이미 충분히 대단한 첨단 과학력의 집약체란 사실은 쉽게 잊는다. 또 자신이 그와 함께한다면 질적으로나 양적으로나 얼마나 우수한 결과물을 낼 수 있는지도 알지 못할뿐더러 특별히 내본 경험도 없다. 그래서 늘 장고하고 머뭇거리고 흔들리고 염려하며 불안해한다.

돈 백만 원짜리 기기를 살 때도 그러한데 하물며 채용은 반품도 안 되고 값은 그 수십 배에 달하는 생물과 계약하는 일이다. 이때 고질적 심리는 면접장이라는 증폭기를 통해 극심히 커져 정상적 사고에 간섭을 일으킨다. 그래서 핏, 핏 거리는 회사(면접관)일수록 면접 시엔 '모든 사람이 완벽하지 않아도 사회적 노력으로 적응하며 더불어 산다'라는 섭리를 잊거나 철저히 무시하기로 마음먹은 듯 구는 경향이 강하다.

이들은 지원자에게서 단 하나라도 원치 않거나 낯선 점이 보이면 그것이 근로나 역량과 무관하더라도 일단 배격부터 한다. 테트리스 게임으로 치면 빈틈에 딱 맞는 모양의 블록이 내려오기만을 고집하면서, 정 아니면 차라리 다음 판을 새로 하고 말겠다는 심산이다.

이런 행태가 웃긴 건, 그들이 일찍이 직접 공표했던 내용 때문이다. 회사는 자사가 모두를 독립적 개인으로 존중한다며 그에 맞춘 사내 문화·분위기·방식 등에 관해 홈페이지나 채용 공고에서 자신 있게 밝혀왔다. 그래 놓고 정작 면접에서 자신들과의 부합성만을 최우선 추구하겠다는 의향을 표출하는 건 앞선 내용과 정면으로 배치되는 안티노미 그 자체다.

이것은 곧 세 가지를 동시에 시사한다. 하나는 '개인주의를 존중한다'라고 했던 자사 정체성에 대한 부정. 또 하나는 '실은 우린 여전히 집단주의적이다'라는 실토. 그래서 마지막으론 '회사(조직)란 결국 그럴 수밖에 없는 곳이다'라는 자인.

1980년대 후반, 시가총액 기준 세계 50대 기업 안에 일본 기업은 36개나 있었다. 그 시절 그들은 회사를 제2의 집처럼 느낄 수 있는 환경을 제공했고 직원들은 깊은 애사심을 품으며 헌신했다. 당시 일본의 호황이 구성원들의 공헌 없이도 가능한, 오직 거시경제적 사이클에만 따른 당연한 현상이었다고 확언할 수 있는가? 만약 그것이 정말로 천재일우에 불과하고 반대로 지금 당장 우리나라에 똑같은 호기가 온다면, 작금의 업계 문화와 모래성 같은 조직 상태로도 그때 그들과 같은 경제 성과 창출이 가능하다고 확신할 수 있는가?

소위 구시대적이라고 흉봐왔던 그런 '가족과 친구처럼 끈끈한 옛 회사 문화'가 정말 완전히 잘못됐거나 가치·효과가 없어서 진정으로 지양한다면, 또한 개별 개체로서 기계처럼 각자 일만 하다 떠나도 조직이 진짜로 성장할 수 있다면 회사는 애초에 그렇게나 부합성을 따질 필요가 없다.

어떤 회사들은 지금도 이를 깨닫지 못하지만 다른 어떤 이들은 알고 있다. 그들은 부합성에 대한 필연적 집착으로 결국 정합성이 박살 나버리는 자기모순과 그 골짜기의 간극이 현재 겪고 있는 여러 문제의 원흉임을 지각하고 있다. 그리고 그것이 자신들에게 꼭 필요한 사람을 뽑지 못하도록 훼방하고 또 밑 빠진 독처럼 금세 빠져나가게 만든다는 것도 알고 있으며, 그런 조직과 사업은 존속하지도 대성하지도 못한다는 만고불변의 진리를 두려워하고 있다.

회사는 한 시스템을 영구히 유지하거나 어떤 문제를 계속 방관하는 조직이 아니다. 더욱이 팬데믹 시기에 시행한 재택근무 덕분에 꽤 많은 인원이 쓸모없다는 걸 확신하게 됐다. 코로나19가 많은 회사에 큰 재정적 타격을 줬지만, 그와 별개로 대단히 중요한 변곡점이 된 것이다.

게다가 일찍이 진입한 고령화 사회, 1명도 채 되지 않는 출산율, 오를 리만무한 경제성장률, 거기에 급속도로 성장하는 AI 산업까지. 기업들이 극소수의 필수 인력만 남기고 인원을 대폭 감축하면서 컴퓨터가 주관하는 자동화 시스템에 모든 걸 맡긴다는 건 너무나 당연하고 예견된 변화, 아니 이미 도래한 현실이다.

그렇게 회사가 '인간'을 아예 쓰지 않는다고 하거나, 더 이상 인간이 머물 만한 곳이 되지 못한다는 얘기는 앞으로 우리가 단순히 일을 못 하게 되고 월급을 받지 못하게 된다는 것만을 뜻하지 않는다. 무릇 직장은 자아실현의 **장**이 되는 곳이고, 그곳에서의 활동을 통해 자신을 나타내는 행위를 **업**이라 불러왔기 때문이다.

간혹 몇몇 혹자에게는 업이란 것이 꼭 그 사람의 자아를 실현하는 방법이 아니기도 하다. 하지만 대다수 범인의 삶에 있어 업은 반드시 등에 지고 살아가야 할 의무이다. 그런 의미에서 구직률과 취직률이 낮아진다는 건

'국가 경제력 손실의 문제'이기 이전에 '인간 본연의 정체성 상실의 위기'와도 같다.

이 위기의 극복은 곧 소멸하는 인간적 가치 회복과 똑바르고 굳건한 나 자신의 확립, 그리고 그런 자격의 취득을 뜻한다. 그렇게 되면 어디서 무슨 일을 하든 그곳과 그것이 곧 떳떳한 직장과 직업이 될 것이고, 자신의 역할과 업무가 정당하게 인정받으며 입지를 두텁게 할 수 있다. 경제 흐름에 따른 업계 정책과 채용 시장 변화 등에 크게 영향받지 않게 되는 것이다. 그러기 위해선 '업'이라 칭하는 데 정당성을 부여하고 '업' 그 자체를 구성하기도 하는 세 가지 특성을 이해하고 보유해야 한다.

첫째는 주체성으로, **스스로 하는 성질**이다. 이것은 세 가지 특성 중 유일하게 나면서부터 자연히 갖는 성질이기에 대다수가 이미 갖고 있고, 그렇기에 그 습득과 계발에 큰 무리가 없다. 신생아들이 배가 고프거나 변을 봤을 때 울음으로써 알리는 행동은 주체적인 생물로 났는데도 그 욕구를 스스로 해결하지 못하는 답답함에서 비롯된 것이다. 그와 마찬가지로 자신이 하고 싶은 일을 찾아서 하는 건 지극히 당연한 행동이며 곧 모든 생활과 다른 성질들의 기초가 된다.

둘째는 일관성으로, **꾸준히 하는 성질**이다. 천연적인 주체성과는 달리 일관성과 마지막 세 번째 성질은 인위적인 노력이 가미되어야만 갖출 수 있다.

유아들이 쉽게 흥미를 잃고 관심 대상이 계속 바뀌는 건 아직 의도·시도하는 법을 모르기에 일관성이 길러질 만한 집중을 못 하기 때문이다. 하지만 성장하며 힘이 붙고 가용 에너지가 커지면서부터는 몰입을 통해 서서히 자신이 뭘 좋아하고 뭘 하고 싶고 뭘 잘하는지를, 즉 자아를 깨닫고 일관된 행동을 하게 된다. 자신을 가장 잘 표현할 수 있는 스타일이 무엇인지 알게 되고 계속해서 그에 맞는 옷을 골라 입게 되는 것이다. 그렇게 되면 단지 물리적·물질적 부분이나 특정 상황 때문에 어울리지 않는 옷을 급하게 택하는 실수를 범하지 않게 된다.

이렇듯 우리 삶에서는 일관성의 관문인 '몰입'이 '목적'보다 더 중요하다. 그런데 일에 대한 몰입보다 돈을 벌기 위한 목적이 더 우선시되면 직장은 그저 밥벌이하기 위한 수단으로 전락하게 되고, 능력과 이력 모두 그에 따라 엉망이 되고 만다(그런 의미에서 내가 △△기업에 두 번이나 탈락한 건 불운이 아니라 행운이다). 그러면 근면 성실할 수 있게 해주는 일관성이 흔들리면서 '업'이 제대로 서는 데 실패하게 되고, 결국 인생에 대한 의미도 부실해지게 된다.

마지막 셋째는 세 가지 중 가장 갖추기 어려운 객관성으로, **여럿과 하는 성질**이다. 주체성은 타고나고, 일관성은 자기 자신에게만 몰입하면 되는 노력으로 얻을 수 있다. 반면 객관성은 몰입의 주체가 내가 아니어야만 하며 몰입의 대상 역시 내가 아닌 타인이어야 한다. 지금껏 해왔던 모든 행동과 정반대되는 방식, 즉 스스로 '역설적인 존재(Paradox)'가 되어야 한다는 뜻이다.

이 이야기는 도산 안창호 선생님의 말씀과도 아주 깊은 연관이 있다. 일찍이 도산께서는 "나를 사랑하고 남을 사랑하라. 자기를 아끼고 사랑할 줄 아는 사람이 비로소 남을 사랑하고 나아가 나라를 사랑하며 세상을 이롭게 할 수 있다."라고 말씀하셨고, 이를 "애기애타愛己愛他" 네 자로 줄이셨다.

인간은 선하지도 악하지도 않다. 이기적일 뿐이다. 그 무엇보다 연약한 상태로 태어난 아기가 골든 타임을 놓치지 않고 서둘러 젖을 빨고 온기를 찾기 위해 세상 개의치 않고 혼자 요란하게 울부짖는 모습을 보라. 그렇게 인간은 태생부터 이기적이어야 살아남을 수 있는 얄궂은 운명을 타고난다. 그러니 원래부터 이기적일 수밖에 없는 존재란 점은 너무나 자연스럽고 충분히 이해할 수 있지만, 그렇다고 그 상태가 진정한 이기의 발현이라 볼 수는 없다. 궁극적으로는 이기가 이타로 바뀔 수 있고, 또 바뀌어야만 하기에.

그러므로 진정 이기적인 자는 자신이 어떤 사람인지 잘 아는 만큼 자신의 이기적 행동이 타인과 공동체에 폐를 끼친단 점도 자각한다. 스스로 제어하는 성숙한 자세를 갖추게 되는 것이다. 그런 측면에서 봤을 때 상대방을 이해하거나 공감하지 못하고 오직 자신만 위하는 사람은 이기적이라기보다 유아적이라고 말하는 편이 더 적합할지도 모른다.

그런데 이 이타심은 이기심과 달리 선천적이지 않아서 제대로 키우려면 제삼자의 눈으로 자신을 바라보는 후천적 노력이 필수다. 즉 "애기애타"의 핵심이기도 한 객관성을 배양하는 유일한 방법은 "역지사지"뿐이며, 더 나아가 이 뿌리로부터 사회성 · 사교성이란 줄기도 자라나게 된다. 그래서 앞서 언급한 일관성 습득 과정 중 모든 초점을 극히 자신에게만 맞추고 과하게 집중했던 사람의 경우, 객관적 판단 능력이 상대적으로 부족한 모습이 드러난다. 자신을 사랑할 줄 모르면 타인을 사랑할 수 없지만, 자신을 지나치게 사랑해도 타인을 사랑할 수 없게 되는 것이다.

나는 J사 근무 당시 크고 작은 회사 수십 곳과 동시다발적으로 협업하며 직접 책임 관리했다. 그러다 보니 특정 이슈가 발생하면 상황에 맞춰 판사 · 검사 · 변호사 입장 모두를 오가듯 유연하게 대응해야 했고, 동시에 냉철하고 객관적인 자세로 최대한 합리적인 결론을 내야 했다. 하지만 그 조처에 따라 직접적 영향을 받는 이해당사자가 여럿인 만큼 단발적으로 끝나는 경우는 그다지 많지 않았다. 때로는 완결에 수 주가 걸리기도 했고, 내외부 인원 여럿의 협조가 필요하기도 했다.

이처럼 특히 현대 영리 조직과 그 서비스는 예전보다 훨씬 다양한 목적과 혼잡한 이해관계가 필연적으로 따라붙는다. 이때 좌고우면하지 않는 객관적 사고와 협동심, 책임감 있는 자세가 갖춰져 있지 않으면 기준과 원칙, 형평성을 잃게 되는 건 물론이거니와, 심지어는 자기 자신에 대한 통제까지 약해질 정도로 난해한 업무가 많다.

따라서 오늘날 업무적 퍼포먼스의 탁월성과 성공적 결과를 안정적으로 실현하려면 스스로, 꾸준히, 여럿과 함께하는 세 가지 특성 모두가 그 어느 때보다 균형 있게 결합한 상태로써 업의 근간이 되어야 한다. 만약 세 특성 중 하나라도 결핍됐다면 모든 업에 있어 그 성패를 미리 논함이 불가능 · 불필요 · 부적절해진다. 세 특성은 업을 구성하는 동시에 구성원의 업무 수행 능력 판단 기준이자 표준까지 겸하기 때문이다.

이는 곧 회사 측에도 일맥상통하게 적용된다. 특히 객관성의 경우에는 오늘날 모든 업계, 그중에서도 ICT 업계의 가장 중요한 관건 중 하나다. 많은 국내 ICT 회사들이(어쩌면 전부일지도 모르겠다) 업종 특성상 실리콘밸리 영향을 무척이나 크게 받았는데, 이때 워낙 많은 것들을 모방에 가까울 정도로 여과 없이 답습한 나머지 일종의 소화 장애를 겪고 있어서다.

이들은 실리콘밸리—더 넓게 보면 서방—의 개인주의 · 자유주의 사상을 토대로 한 '자율과 책임'을 기본적 가치로 삼아 강조한다. 그리고 이를 기틀로 근무 방식 등의 사내 환경을 조성한다. 이것은 곧 수평적 구조/닉네임 호칭/자율적 근무/소통 등의 여러 형태로 발현되고, 우리는 많은 회사가 이를 내세우고 있음을 쉽게 확인할 수 있다. 물론 그 본질 자체에는 아무 문제도 없다. 하지만 객관성을 갖추지 않은 상태로 무언가를 당연시하고 중요시하면 그것이 기반이 된 모든 행위는 매우 피상적인 수준에 그치게 된다.

지금 많은 회사가 돈은 돈대로 쓰면서 조직관리에 애를 먹는 이유는, 결국 그런 식으로 **깊은 고찰 없이** 여러 사상과 철학이 바탕인 시스템들을 무작정 기본 골자로 삼아 자사 정신과 뼈대를 조직하고 합성해 버린 탓이다. 철근은 누락시킨 채 모양만 갖춘 순살 아파트처럼, 겉은 멀쩡하나 속이 텅 비어있으니 아무리 핏한 사람을 고르고 골라 채워 넣어도 골다공증이 회복될 리가 없다.

더욱이 그 시스템들은 개인주의·자유주의라는 거대한 패러다임이 바탕이다. 그렇다면 구성원 모두가 능숙한 객관화를 통해 자신을 위하는 만큼이나 소속 집단도 위할 줄 아는 마음을 품어서 "애기애타" 정신이 조직 내부 깊숙이 단단하게 깃들어져 있어야 한다. 그렇지 않으면 단지 그 시스템들이 제 효과를 내지 못하는 선에서 문제가 그치지 않는다. 회사가 문화와 복지 개념으로써 제공하는 것들은 전부 직원의 이기적인 행동을 정당화하기 좋은 방편으로 전락해 버리고, 건설적 비판과 지도 편달은 갈수록 자취를 감추게 된다. 연쇄 단절의 시작이자 고요한 무질서를 향해 걷잡을 수 없이 치닫는 발판이 되어버리는 것이다.

회사가 장단점을 묻는 것 또한 다른 것들처럼 객관성이 없으면 수박 겉 핥기식에 불과해진다. 본래 이것은 지원자를 곤란하게 하거나 탈락시키려는 질문이 아니다. 과연 스스로에 대해 얼마나 잘 알고 있는지, 즉 객관적인 사람인지를 확인하려는 의도에서 비롯된 것이다. 하지만 문제는 이러한 근본적 목적을 망각하거나 온전히 이해하지 못하면서 형식적이고 상투적으로 묻는 고루한 면접관들(회사)이 여전히 존재한다는 점이다.

만약 정말 팀과 회사에 치명적인 위해를 가할 정도의 단점을 지닌 사람이라면 애당초 평범한 일상생활이 불가할 정도로 심각한 정신질환이 있거나 이미 어떤 범죄를 저질러 사회와 격리되어 있을 확률이 높다. 그런 사람은 만에 하나 서류 전형을 통과하더라도 평소와 판이한 모습으로 면접에 나와 모두를 감쪽같이 속이지 못한다. 그것은 '무엇이든 될 수 있다'라고 부추기는 현대문화가 현대인에게 주입한 망상 속 대안 세계에서나 펼쳐지는 허상이다.

현실에서는 하루아침에 본성과 다른 무언가가 되는 것이 불가능하다. 신체·재능·위치 등이 각자의 행동권과 활동 범위를 제한하기에 무릇 우리는 현재의 소임에 제일 충실하게 된다. 그리고 얼마 지나지 않아 그마저도 꽤 어렵고 벅차단 걸 느끼게 되면서, 무언가를 하는 것과 무언가가 되는 것이 엄연히 다르단 걸 끝내 이해하게 된다. 전자는 능력만으로도 충분했던 반면, 후자는 노력의 결여가 곧장 실패로 직결되는 걸 경험한 덕분이다.

능력의 발휘가 노력의 범주에 포함되지 않는 결정적 이유는 그 둘에 각각 투입·소모되는 에너지 차가 너무 확연히 달라서다. 가령 어떤 능력을 쓰면 그로 인해 성장하는 성질 A와 그 반작용을 받는 성질 B 간의 불균형이 발생한다. 이때 다시 균형을 맞추려면 또 다른 능력의 적극적 운용으로 B 역시 같은 수준까지 향상해야 하는데, 여기엔 자연적 풍화작용에 걸리는 영겁의 시간과 맞먹는 인내가 수반된다. 그런 인고의 과정을 거치는 행위야말로 노력이라 불릴 자격이 있다. 그리고 그 노력이 누적되어 형성되는 결정체 중 대표적인 것이 바로 지금껏 얘기해 온 주·일·객主·一·客 세 특성으로 탄생하는 '업'이다.

업을 세우려면 결국 능력과 노력을 조화롭게 결합해야 하고, 그러기 위해선 먼저 그 둘을 구분할 줄도 알아야 한다. 하지만 유감스럽게도 우리는 능력 행사를 노력이라 치부하며 자찬하는 세상에 살고 있다. 이곳엔 능력과 노력을 혼동하기 쉬운 환경이 조성되어 있고, 그 환경에서 자라난 사회 풍조는 그 둘의 명확한 구분에 필요한 객관성마저 유실하게끔 우리 심리를 조장한다. 그 악영향의 직접적 피해자가 바로 현업과 취업전선의 수많은 이들이다. 회사는 지원자에게 엉뚱한 잣대를 들이대기 일쑤고, 직원들은 자기 자신에게 엄격한 잣대를 대지 못하거나 대지 않게 되어서다.

분명 기성 조직에 합류하는 일은 점점 어려워지고 있다. 하지만 꼭 직장에 들어가는 방식만을 가리켜 취업이라 하는 것은 아니다. '취업(就業 : 업을 이루다)'이란 본디 업을 쟁취하는 행위를 뜻하는 말로, 다르게 말하자면 주·일·객 특성을 보유했다는 의미이다. 즉 주체가 되어 일관되고 객관적으로 일하는 모습을 갖추는 것이 곧 취업이며, 그 자체는 형태나 입장, 장소 등에 일절 구애받지 않는다. 창업이든 입사든, 고용주든 피고용자든, 집이든 공유 오피스든 사옥이든, 그런 건 아무래도 상관없는 부차적 구분에 불과하단 거다.

또한, 어떤 형식의 취업이든 '함께'라는 가치의 중요성과 필요성을 충족할 책임으로부터 완전히 자유로울 수 없다. 무슨 업종이든 그 일이 순조로워 사세가 좋아질수록 팀을 꾸리고 키워나가게 되는 건 자명하기 때문이다. 그러니 정상적이고 훌륭한 팀이라면 자신들의 결성과 존재가 있게 해준 그 고마운 업을 지키기 위한 규칙·규율 등을 **자랑스럽게** 여기기 마련이다. 만일 그것을 불편해하는 회사 또는 직원이 있다면 그는 분명 주·일·객 특성 중 무언가가 결핍된 자로, 결코 프로가 아니며 팀을 운영하거나 팀에 함께할 자격도 없음이라.

내가 이 책을 통해 전하려는 내용은 무슨 생명 장수의 비밀이나 연금술 비법 같은 게 전혀 아니다. 누구나 귀결할 수 있고 이미 널리 알려진 것들이다 (그래서 부끄럽다). 특히 방금 전술했던 '함께'라는 가치와 그 태도에 관한 내용의 경우, 나와 똑같은 논지로 얘기한 사람이 내가 알고 있는 것만으로도 벌써 두 명이다. 한 명은 미국프로농구 NBA의 전설적인 선수 코비 브라이언트 Kobe Bryant, 또 한 명은 현대축구를 대표하는 명감독 주제 무리뉴 José Mourinho 로, 두 사람은 농구와 축구라는 단일 구기 종목을 뛰어넘어 스포츠 역사를 통틀어서도 중요한 의의를 지녔다고 평가받는 인물들이다.

이 둘은 각자의 업계에서 팀과 개인 모든 측면의 혁혁한 성과를 일궜고, 이미 전 세계 수많은 이들이 그 이야기에 대해 잘 알고 있다. 하지만 그 두 인물이 그 모든 걸 성취하기까지 단순 계약직 프리랜서 신분으로 최소 21년 이상씩이나 업을 지속했다는 점에 집중하는 사람은 얼마나 될까. 분명 그런 시각으로 그들의 이력을 곱씹어 보는 사람은 의외로 많지 않을 것이다. 근본적 사실이란, 업적의 영광에 가려져 간과하기 쉬운 것이므로.

두 인물이 명실상부한 프로로서 그토록 오래 살아남아 업을 지속할 수 있게 해주었던 건 결코 일반정규직이나 국가공무원 같은 어떠한 '고용 형태'가 아니었다. 아주 단순하고 기본적인 것. 바로 그 업을 향한 열망, 그리고 그저 몇 가지 특성이 다였을 뿐이다. 생각해 보라. 우리는 우리의 업을 위해 그러한 간결성과 기본을 갖추고 있는가?

챕터 7.

앞으로

[전선에서 온 편지]

군부대는 이제껏 내가 소속감을 느낀 유일한 곳이었다. 우린 단일 목적과 정체성 아래 단결된 조직으로서 일사불란하게 임무를 수행했다. 나는 역설적으로 그곳에서의 생활에 자유로움을 느꼈고 이내 기존 사회의 많은 것들이 시시해졌다. 그 때문인지 그 이후 속했던 어떤 곳으로부터도 그만큼 만족스럽고 자랑스러운 소속감을 느끼진 못했다. 어디서 뭘 하든 부족함을 느꼈고 늘 아쉬움 속에서 우리 부대와 복무의 영광을 그리워했다.

그래서 그때와 같은 수준을 재현하고 유지하려는 염원은 항상 삶의 가장 큰 동기이자, 구직/창업/아르바이트 등 모든 노동의 중심된 이유가 되었다. 취직한 회사에 헌신하며 성과를 올렸던 것도, 억울함과 부당함을 겪고도 환멸에 지지 않고 곧바로 다시 취업전선에 뛰어들었던 것도 전부 마찬가지다. 나는 내 역할이 가치 있게 쓰이는 보람을 느끼길 바랐다. 그리고 목표를 향해 함께 나아가는 팀 정신을 원했다. 그러기 위해 기본 · 상식 · 공정이 존재하는 곳을 찾으려 했고 모두가 그렇듯 정말 사력을 다했다.

강한 열망은 내가 오랫동안 지치지 않고 도전하게 해주는 생명력이 되어주었다. 하지만 그와 동시에 깊은 심리적 침체에 빠지는 원인이 되어 나를 옥죄어왔다. 느닷없는 코로나19 사태의 영향을 전부 배제하더라도 의아할 만큼 지나친 장기전이 되고 있었다. 그렇게 될 것을 누군들 알았으랴. 이유도 알 수 없고 누구의 탓도 아니다. 따져볼 수도 없는 영역이지만 굳이 그래 봐야 결국 다 내 탓일 뿐이다.

나는 지키고 버티는 데에 사활을 걸었다. 구직을 최우선시하는 가운데 개인 회사를 통해서라도 업무를 생산하여 실무 역량을 지속 · 개발하려 했다. 그러면서 음식점 매니저/박람회 부스 철거/호텔 주방/미용실 고객 사진 보정/연회장 웨이터/주점 서빙/교육 행사 보조/아이스크림 판매/운전기사 등 각종 아르바이트를 병행했다.

그리고 감사하게도 여러 회사의 면접 기회를 얻었다. 그러나 항상 마지막 운만큼은 따르지 않았다. 어째서인지 하늘은 나의 노력과 정성을 무력화하거나 오히려 그와 상충하는 상황을 빚는 상대를 내 앞에 세우며 번번이 나를 골탕 먹였고 뒤돌려 세웠다.

나의 열의는 무엇을 위한 것이었으며, 나는 무엇을 위해 버텨왔는가. 근간이 위협받고 위태해지면서 상황은 점차 악화되었다. 지성과 꿈 등 개인적 가치를 품을 만큼 교육받았으나 적합한 근로를 통해 일절 활용하지 못하고 있다. 특히 인간적 야망은 완벽히 정당한 감정인 탓에 그로 인한 폐해 역시 온전히 감내해야 했다.

소속감·안정감·수입의 제공으로 삶의 중심이 되어주는 업과 직장이 없다는 사실은 자신을 한없이 초라하게 만들었다. 나는 자격지심에 모두에게서 숨어버렸다. 일이 없는 게 죄스러워 어떠한 여가도 추구하지 못했고, 여가를 보내지 못하니 사회적 교제가 전부 단절되면서 고립되었다. 자식이자 오빠로서, 또 손자, 조카, 친구 등 떠올릴 수 있는 모든 위치에서 도리와 책임을 다하지 못한다는 수치심은 대단히 큰 척력으로 작용했고, 곧 그 모든 위치의 상대자들을 세상 밖으로 전부 밀어냈다.

나는 철저히 처절한 혼자가 되었다. 그리고 전황은 호전될 기미가 보이는 대신, 어느 시점부터는 오히려 기이해져만 갔다. 서류 전형을 통과했거나 먼저 면접을 제의한 회사들이 이내 연락두절 되는가 하면, 간간이 한둘이라도 눈에 띄던 일자리는 웬일인지 그마저도 완전히 자취를 감춰버렸다. 땅이 메마르다 못해 아예 공기 중 수분까지 전부 증발해 버린 듯한 분위기 속에서, 나는 오랜 도전의 명맥이 끝내 끊어지고 있단 걸 직감했다. 그나마 외부로 나갈 수 있었던 유일한 길목마저 차단되면서 고립무원이 된 형세였다.

꼭 세상으로부터 유폐된 듯하다. 뼛속까지 사회적 동물이란 점이 오히려 정상적인 사회생활 회복에 큰 제약이 되어버렸다. 어려서부터 모험심·자립심·경쟁심·투쟁심이 강했던 내게 사회적 활동은 늘 자아실현의 연속이자 기쁨이었다. 그래서 무언가에 계속 가로막히고 거부당하는 바람에 한없이 정체되고 물러나다 끝내 독방 신세가 되었을 때, 삶은 곧 죽음으로 바뀌었다. 나는 홀로 방사장 한편에 웅크린 채 창을 통해 바깥만 바라보는 호랑이였다.

보통 고생 · 고초 · 고난 등을 가리켜 "풍파를 만난다"라고 표현하곤 한다. 솔직히 그런 말을 들으면 가소롭게 느껴진다. 내게는 그것조차 감사함이고 행복이다. 지금 내가 있는 이곳은 바람 한 점 불지 않는 무풍지대다. 튼튼한 배를 비롯해 항해술 등의 여러 기술과 무엇보다 가장 중요한 강한 의지까지, 스킬셋과 마인드셋을 두루 갖추고 있음에도 불구하고 나는 이곳에 갇혀 바다에 나가지 못한다.

그야말로 잉여 인간이다. 세상으로부터 조금씩 쓸모가 없어진다는 자기 파괴적 생각. 더 이상 아무도 나를 원치 않고 찾지 않아서 이대로 가다간 모든 게 다 망해버릴 거라는 두려움. 지난 선택들이 전부 잘못되었고 그로 인해 헛된 시간을 보내느라 인생을 똑바로 못 살았다는 자기 부정과 비관. 그리고 그에 따라 꼬리에 꼬리를 무는 회한. 이것들은 그 어떤 예고도 없이 불쑥불쑥 나를 찾아오고, 그럴 때면 대낮에 눈을 뜨고 있어도 시커먼 어둠이 스멀스멀 뒤덮는 것처럼 느껴진다. 날이 갈수록 패색이 짙어지고 있었고, 길고 길었던 싸움은 결국 그렇게 끝이 나는 듯했다.

그런데 이 책에 착수하면서부터 전세가 서서히 바뀌기 시작했다. 그것은 여러 이유에서 꽤 오묘한 변화였다. 자칫 그동안 확립한 모든 루틴이 붕괴해 버리거나 엄청난 시간 낭비가 될 수도 있었다. 하지만 나는 죽이 되든 밥이 되든 주변에 인영이라곤 오직 기억 속 인물들이 전부인 자리에 홀로 앉았다. 책의 내용도 그간 누적된 좌절의 경험들인 데다가, 그를 헤집으며 과거를 상기하는 건 분명 썩 유쾌한 작업이 아니었다. 게다가 출간 자체도 미지수에 그와 관련해선 어떤 직간접적 경험도 없었다.

그러함에도 이 불확실한 프로젝트는 작지만 밝은 불씨를 일으켜 내 심지心志에 불을 붙임으로써 그 자체를 지켜주었다. 그리고 어쩌면 최근 몇 년 동안 있었던 모든 일 중 가장 가치 있을지도 모른다는 생각은 고갈되지 않는 부싯깃이 되어주었다.

이 책은 뚜렷한 목적이 있는 도전이었고 이 불은 나만을 위한 것이 아니었다. 나는 포기할 수 없는 게 아니라 포기하지 않아야 했다. 그리고 이 불을 끝까지 잘 지켜서 옮겨붙게 하려면 단순히 글만 적는 거로는 부족했다. 그렇다고 그 내용을 '취업 성공법'처럼 듣기 좋은 푸가지로 그럴듯하게 포장하는 짓을 범할 순 없었다. 어떻게든 그 의의를 실질적 · 효과적 도움으로 승화시켜야 했는데, 그러려면 오직 겸허하고 진솔한 자세로 접근 및 공유하는 길뿐임을 다행히 알고 있었다. 오래전 어느 날의 경험 덕분이었다.

당시는 대학 입학 후 첫 겨울 방학으로, 나를 포함한 예닐곱 명 정도의 동기생이 한 유학원에서 주최한 행사에 참석했다. '선배에게 듣는다'와 같은 테마로 중국 명문대 입시 준비생들과 대담하는 자리였다. 그런데 이제 겨우 1학년 1학기를 막 마친 동기들 대다수가 자기 차례가 되면 평소 모습은 온데간데없이 사뭇 다른 사람으로 변모해서는, 하나같이 본인이 어떤 식으로 얼마나 매진했는지를 번지르르하게 설명하기 시작했다.

시험공부와 관련한 보편적 수준의 당연한 기본들을 지나치게 세세하고 높게 기준화함으로써 자신을 드높이는 촌스러움의 향연이었다. 심지어 그중 한둘은 열성적인 정도를 넘어 마치 굉장히 특별하고 대단한 성공 신화라도 쓴 양 우쭐대기까지 했다. 대담장이 학생들을 고취하기 위한 곳인지 자신이 도취하기 위한 곳인지 도대체 알 수가 없었다.

내 순서는 꽤 나중이었던지라 나는 어쩔 수 없이 기다리는 내내 거부감과 불쾌감을 참아야 했다. 그러다 차례가 되어 마이크를 잡았을 때, 나는 내가 입시를 앞두고 언제까지 방만하고 얼마나 불성실했는지와 대략 어느 시점부터 비로소 마음을 다잡고 몰입하기 시작했는지를 최대한 예사롭게 설명했다.

앞선 연사들과는 확연히 대비되는 내용과 말투에 좌중에선 폭소가 터져 나왔다. 그중 한 남학생은 큰소리로 비속어까지 쓰며 웃어댔다. 하지만 나는 조금도 움츠러들지 않았고, 하려던 얘기를 전부 마친 후 마이크를 넘겼다.

당시 우리는 고작 스무 살짜리 학생들이라 오랜 시간과 여러 사회적 경험이 뒤섞인 경우처럼 농후하고 우악스럽진 않았다. 그렇지만 그날 몇몇 동기들에게서 발현한 성질 자체는 이 책의 등장인물들과 크게 다르지 않다. 이 책에선 그 악성을 몇 가지로 나눠 분류했지만 사실 그 뿌리는 하나다. '교만', 즉 겸손하지 않다는 것이다.

나는 특히 경제 활동을 시작한 이래 그런 사람들을 의아할 정도로 많이 만났다. 그리고 그때마다 일관된 모습을 보았다. 그들은 평생, 이 땅 위에서 뽑히지 않고 살 것처럼 군다. 그 자리와 재물이 아주 오래 이어지길 바라고 또 그럴 거라 여기며 그 향유에 집착한다. 그런데 그런 심리는 모순적으로 매우 작은 마음에서 기인한 것으로, 결국 오늘만 살겠다는 하루살이 식 사고방식과 같다. 단지 악성의 고착화로 소인배적 근성이 생겨 스스로 인지하고 성찰하지 못할 뿐이다.

또 나는 회사라 부르기 과분한 곳들도 업무적이나 개인적으로 참 많이 만났다. 그들의 악성도 여럿으로 나눌 수 있었지만 역시 근본은 하나였다. 좁은 시야로 바로 눈앞의 것만 좇는 행태, 즉 '탐욕'이다.

그런 악성에 찌든 서로가 한데 뭉쳐 탄생한 경제집단은 정부와 국제사회가 '온라인 플랫폼'이라는 대양大洋을 구석구석 아주 완벽히 제도화하진 못한다는 그 태생적 결함을 노린다. 유리할 땐 영해의 개념을, 불리할 땐 공해의 개념을 적용하는 식으로 불법/탈법 사이의 모호한 경계를 넘나들고 규제를 교묘히 빠져나가며 사법과 대중을 유유히 기만하고 유린하는 것이다.

바야흐로 비열한데 대범하기까지 한 합법적인 대해적 시대다. 그리고 그 시대적 산물은 그 어느 때보다 쉽고 빠르게 민간 깊숙이 침투한다. 하지만 단언컨대 그런 교만과 기만, 근시안적 사고는 인류 역사상 단 한 번도 성공한 적이 없다. 그것들을 좌시하지 않고 맞서는 록(Rock=Contrarian, 콘트래리언) 정신을 품을 때마다 어김없이 전선이 펼쳐졌고, 그 싸움을 겪으며 사회적 진보가 이뤄진 덕분이다.

역사는 이러한 투쟁적 자세의 당위성을 시대마다 다른 모습을 통해 끊임없이 시사하며 입증해 왔다. 학업이든 취업이든 각 때에 맞는 업의 쟁취를 위한 분투도 그중 하나다. 이 전선에선 총칼이 아니라 솔직하기를 두려워 않는 자세(록)가 필요하다.

예전 그 대담장에서 나는 몇몇 이들에게 우스운 놈으로 비추어지는 것 따윈 조금도 개의치 않았다. 단지 꾸밈없는 행동의 중요성을 믿었고, 그 확신으로 솔직하게 발언할 수 있었다. 시험과 당락에 걱정을 안고 있던 사람들은 그로 말미암아 어느 정도 근심을 배출하고 그 빈자리에 희망을 채웠을 것이다.

그러나 솔직함을 얻음으로써 염려와 낙담을 해소하더라도 실패는 필연적으로 찾아온다. 안타깝지만 이곳에선 그런 실수와 패배가 병가지상사다.

그래서 우리는 그 부담감의 족쇄로부터 자유로워져야 하고 그 방법도 터득해야 한다.

이를 위해 역사적 사실은 패배를 두려워 않는 자세에 대해서도 늘 얘기해 왔다. 하지만 그것이 말하는 '용기'란 진실로 두려운 것에 대항하기 위한 도구적 의미가 아니다. 애당초 걱정거리가 아닌 것에 대해서는 무조건 세속적 관념에 동조하거나 휩쓸리지 말고, 그들과 다르게 사고하는 자세(콘트래리언)를 주저 말고 취하라는 뜻이다.

실패와 나이(시간)는 그렇게 다뤄야 한다. 누군가에겐 그 실패조차 평생 경험하지 못하는 경우일 때도 있고, 또 누군가는—특히 연장자는—늦었다는 판단에 동의하지 않기도 한다. 결국, 둘 다 기준이 모호해서 상대적인 개념에 불과한 것이다. 그러니 여러 번 실패했거나 시간이 많이 지났다는 건 그만둘 정당한 이유가 되지 않는다. 오히려 승리가 계속되면 패배가, 패배가 계속되면 승리가 가까워지는 법이다. 지금 우리가 원하는 건 오직 그 한 번의 성공이므로 그 이전 실패의 종류와 횟수에 관해선 일희일비할 필요가 없다.

대다수 범인은 천재와 달리 실패를 걱정할 필요도, 연속된 성공으로 자신을 증명해야 할 천부적 의무·짐·빚도 없다. 그렇지만 당장에 집착하는 소인배들과는 또 달라야 한다. 인생은 짧고 진실은 가장 늦게 도착한다는 점을 명심해서 항상 끝을 염두에 둬야 한다. 우리에겐 숫자의 나이가 아닌 성공의 나이가 중요하고, 종국에 가서 이뤄지는 평가만이 '제뉴인'이라서다.

물론 이러한 자세로 임하기가 힘들단 걸 부정할 순 없다. 이 과정을 거친다고 해서 앞으로의 고생은 고생이 아니게 되는 것도 아니고, 영영 고초가 오지 않는 것도 아니다. 또한, 다음번 시험을 능히 이겨내게 된다는 보장이 생기지도 않는다. 언제나 차기 시험은 이전 것보다 한층 더 고되기 마련이다. 다만 이전 과정을 제대로 인내하며 통과했다면, 새로 닥친 더 큰 시련과 맞붙었을 때 곧바로 밀려버리지 않고 한 번 버텨볼 힘이 붙어 있단 걸 깨닫게 된다.

그렇지만 "강인하면 성공한다"라고 단정 짓는 건 결코 아니다. 서문에서 말했듯 노력은 '기회에 대한 도전'이지 '결과에 대한 도전'이 아니다. 그처럼 '강인함'이란, 무언가를 손쉽게 이겨버리는 게 아니라 붙어볼 만하다고 느끼는 역량을 뜻한다. 그저 '노력'의 또 다른 여러 이름 중 하나인 셈이다.

이 세상 그 무엇도 절대성을 띠지 않는다. 당연히 어떤 것도 성공에 절대적 요소가 되지 못한다. 모든 게 변수로 작용하는 환경에선 어떤 계획도 마음대로 되지 않고 인생의 모양은 시시각각 달라진다. 만약 록·콘트래리언 등의 정신적 강인함이 절대적이라면 우리는 일찍이 원했던 것들을 전부 이뤘을 것이다. 희망했던 직장·직무에 취직했을 테고 그랬다면 구직도 진작에 끝났을 것이다. 노력에 노력을 더하거나 계속해서 강해지는 건 한계가 있다. 그 시도 자체엔 없으나 그 결과적 부산물의 부작용이 한계를 낳는 탓이다.

이 전선은 총포로 싸우는 영역이 아닌 만큼 전술·전략 같은 실력·지성이나 의지 따위가 통하지 않는다. 나는 아무리 애를 써도 근원을 해결할 수 없었고, 바람과 늘 어긋나는 결과를 떠안았다. 그러다 끝내 걷잡을 수 없이 퇴적된 정신병적 토사물에 매몰되고 말았다. 거기에 난데없는 팬데믹이 일으킨 숱한 제약·제한과 음울한 공기까지. 더욱 황량해진 사회와 끝없는 일자리 가뭄 속에서 나는 업의 갈증에 허덕였고, 패배주의와 냉소주의라는 재해가 몰고 온 심리적 기근과 씨름했다.

자그마치 4년이었다. 기존 목표를 향한 몰입은 너무 오래 그 강도를 유지한 탓에 집착과 욕망 수준으로 변질되어버렸다. 그리고 나는 그 독성에 잠식당해 기형적인 불균형 상태가 되어 있었다. 만약 거기에서 '하면 된다' 식만 믿고 계속 인간적 강성을 키워 밀어붙였다면 내 자아는 소멸했을 것이다. 바로 그렇기에 책을 쓰자는 결심이 '게임 체인저'가 된 것이다.

극히 독립적인 행동 방식으로 결과물을 빚는 이 작업은 도리어 그 반대 방식의 가치를 매 순간 상기시켰다. 그러자 의미를 잃고 말라버린 강인함 · 노력 · 인내 등 여러 이름의 수원이 다시 차오르기 시작했다. 합리적이고 타당한 성분으로 가득한 물이었다. 나는 기존 목표 의식에 관개를 재개할 수 있게 되었고, 점진적으로 긍정적이고 의욕적인 건강 상태를 회복했다. 전혀 상반된 지향성이 한쪽에 극단적으로 쏠렸던 정신의 추를 맞춘 것이다. 오직 **유연함**만이 가능케 한 대변화였다.

마지막 면접인 종로구 L사의 CTO B가 마지못해 물어본 "신념이 없는 게 신념이다"라는 말은 곧 "어떤 것에도 절대적으로 경도되지 않겠다"라는 뜻이다. '늘 하고 싶은 일만 하지 않겠다', '단 한 가지 길에만 매달리지 않겠다', '꼭 친숙한 여럿하고만 함께하지 않겠다'와 같이 주 · 일 · 객主 · 一 · 客을 포함한 다른 어떤 강성도 변화시키는 유연성은 꼭 대자연과 같다.

자연은 토양/해양/기후/계절 등 모든 생태를 전환하고, 그 경이로운 힘 앞에선 인간조차 한없이 미약하다. 그래서 인류는 변화를 거부하면 도태됐고 순응하면 새 기회를 얻었다. 그러니 자연(우주)이야말로 이 세상 만물 중 가장 완벽히 신을 대변하는 물질이며, 유연성이야말로 가장 신적인 특성이자, 인간으로서 발휘할 수 있는 제일 비범한 능력이라 할 수 있다.

또한, 그런 유연성을 확보한 상태가 '균형'이다. 즉 균형이란 50:50의 균등(공평)을 맞추는 게 아니라 70:30, 20:80 등의 불균등(불공평)을 자유로이 오가는 것을 말한다. 그것이 실재적 가치로서의 '평등'이며, 이 평등을 받아들인 상태와 감정이 곧 '평온'이다.

우리는 이 균형이 주변 변수를 조정하여 목표 의식의 개보수가 지속 가능한 환경, 이른바 '나만의 자연계'를 조성해야 한다. 싸우며 버티는 것까진 인간적 성질만으로 충분해도, 바라는 결과는 오직 자연적 생태에서 우연하고 불가사의하게 잉태되기 때문이다("용장 위에 지장, 지장 위에 덕장, 덕장 위에 **운장**"이라는 말이 통용되는 데는 그만한 이유가 있다).

따라서 그 과정은 단순한 개인적 필요와 충족의 의미를 초월하게 된다. 결국, 그것은 간혹 인간으로선 이해 불가한 어떤 역설의 당위를 있는 그대로 수긍하고, 그 순간 발현되는 유연성이 불균형을 바로잡을 때 깃드는 안정을 구하는 행위이자, 그러한 섭리대로 살겠다는 최종적인 고백이기에.

그래서 이 모두가 응축·배양된 환경에서 정진할 때, 비로소 우리는 별안간 매우 강렬한 경험을 하게 된다. 마치 녹화영상이 재생되듯 머릿속에서 앞날이 극사실적으로 그려지는 현상, 바로 '비전'을 보게 되는 것이다. 지금껏 회사 소개와 공고·광고 등 이곳저곳에서 너무나 가벼이 쓰였고, 또 아무 감흥 없이 쉽게 보고 지나쳤던 그것.

하지만 이를 몸소 체험하게 되면 그제야 이 단어의 무게와 가치를 체감하고, 더불어 자신의 길과 선택에 대해 확신하게 된다. 당장 주위에 나를 믿거나 원하는 이가 단 한 명 없더라도 두렵거나 괘념치 않게 되는 것이다. 그다음엔 어려울 게 없다. 남은 건 오직 전진과 승리뿐이다.

입대 후 훈련소에서 첫 야간 행군 나갔던 밤을 잊을 수 없다. 들리는 소리라곤 오직 전투화 내딛는 소리뿐인 암흑천지에서 우리는 무겁고 지친 몸을 이끌며 터덜터덜 걸었다. 얼마나 왔는지 또 얼마나 남았는지 전혀 알지 못했고, 알 수 없었고 알려주지도 않았다.

그때, 칠흑 같은 어둠 속에서 무언가 산바람을 타고 날아왔다. 맡는 것만으로도 순식간에 원기가 회복되고 정신이 번쩍 들 만큼 달콤한 포도 향이었다. 나는 평생 그토록 진한 향기를 맡아본 적이 없다. 마치 수백 톤의 포도즙 속에 풍덩 빠져있다고 착각할 정도였다. 그제야 난 주변 어딘가에 민가와 과수원이 있다는 걸, 사람들과 사랑이 있다는 걸 깨달았다.

오랜 시간이 흐른 지금도 그때와 그 감각이 생생하다. 나는 그날 밤의 어둠과 포도 향 중 무엇이 더 짙었고 무엇이 더 오래갔는지 확답할 수 있다. 그리고 최근 몇 년간은 바깥세상을 예의 주시하면서 오늘날이 그날 밤만큼이나 어둡다는 것 또한 확언할 수 있게 됐다.

이 책을 쓰는 중에도 고통받고 절규하는 젊은 세대의 이야기는 멈추지 않았다. 부모보다 가난해지는 최초의 세대… 1평짜리 쪽방에 살며 버티는 청년들… 40·50대보다 더 일을 안 하는 20·30대… 포기하고 그냥 쉬는 40만 명… 졸업 후에도 갈 곳 없는 130만 명…. 내 모습과 조금도 다르지 않은 그 뉴스들을 나는 감히 열어 보거나 차마 끝까지 읽지 못했다.

그동안 나는 여러 일터에서 나보다 훨씬 젊거나 어린 청년들과도 함께하며 그들의 빛나는 재능과 가능성을 똑똑히 보았다. 그러나 이 시대와 이

사회는 번영과 번성을 위하는 인간의 욕구와 의무는 물론이고 최소한의 기본만이라도 갖춘 삶을 바라는 배수의 소망조차 말살한다.

그렇게 결국 하나둘씩 빛 한 점 들지 않는 동굴 같은 방구석으로 도망치듯 틀어박혔다. 하지만 시간이 지날수록 많은 이들이 그런 비참한 생활을 더는 버티지 못했다. 끝내 자포자기한 사람들은 자아실현이 폐기된 삶을 택하거나 아예 타락해버리기도 했다. 그중에는 마지막 피난처와도 같았던 곳을 박차고 나와 영영 돌이킬 수 없는 죄를 범할 정도로 끔찍이 망가진 자들도 있었다.

그 사건들을 접했을 때 나는 결코 그들을 옹호하지 않았지만, 그렇다고 마구 성내며 욕하고 저주하지도 않았다. 차마 그럴 수 없었다. 그들이 뿌린 분노 바이러스에 감염되면 또 다른 증오를 품게 된다. 이 세상은 이미 화로 가득하다. 나마저 또 하나의 숙주가 되어선 안 될 노릇이다.

더욱이 오랫동안 홀로 어둠 속에 있느라 병든 건 나도 마찬가지였다. 단지 나는 그들보다 아주 약간 운이 좋았을 뿐이다. 만약 어느 고단한 새벽 포도 향을 맡는 경험을 한 게 내가 아닌 그들이었다면, 그들이 보이지 않는 사랑을 단 한 번이라도 느껴봤더라면. 장담하지 못하겠다. 입장은 뒤바뀌었을지도 모른다.

그저 모든 게 비통하고 안타깝다. 살아남아야 한다는 말과 살아남았다는 말이 실로 과하지 않은 시대다. 우리는 멀리서도 식별이 가능한 적 대신 마음속 깊이 들어찬 탓에 보이지도 않고 분리할 수도 없는 적과 사투를 벌이고 있다. 이 싸움이 언제 어떻게 발발했는지 그 시기와 원인을 명료하게 특정할 순 없다. 다만 우리가 그 기점이 아니란 것만은 분명하다.

그러니 어쩌면 마음껏 분노하고 뭐든 탓하며 닥치는 대로 비난의 화살을 쏠 수도 있겠지만, 그런다고 바뀌는 것은 없거니와 옳은 행동으로 볼 수도 없다. 근원적 책임으로부턴 자유로워도 바로잡을 의무는 있기 때문이다.

물론 이 의무는 책망의 대상에게도 있다. 그러나 그들은 이미 이 땅에 없거나 같은 문제를 겪던 시기를 다 보낸 후라 구태여 관여할 가능성이 크지 않다. 나 몰라라 하는 자들에겐 애초에 큰 기대를 하지 말아야 한다. 그중 특히 정치인 나부랭이들에게 의지하며 추종하는 것만큼 한심하고 덜떨어진 짓이 없다. 그들은 직장은커녕 아르바이트 한번 해본 적 없으면서 우리 세대의 문제와 아픔을 공감하는 척 가식으로 왈가왈부하는 한낱 표리부동한 위선자에 불과하다.

그런 자들을 어떤 형식을 통해 대표자로 지정한 건 의사를 대변해 주는 메신저Messenger로 쓰기 위함이지, 인생을 대리해 주는 딜리버Deliver로 쓰기 위함이 아니다. 절대 모든 걸 일임하고 방관하며 맹종해선 안 된다. 누군가를 우상화할수록 나 자신은 우스워지는 법이다. 이 세태를 교정할 수 있는 건 오직 우리 자신뿐임을 깨닫고 명심하길 두 손 모아 바란다.

전쟁을 겪어본 국가와 국민만이 자유와 민주주의의 가치를 진정으로 느낄 수 있다고 한다. 그처럼 이 전선에 직접 뛰어들었던 사람만이 인간과 업계, 즉 세상의 악성과 그로 인한 동일 세대의 비애를 이해할 수 있다. 우리가 당면한 우리의 문제를 우리가 회피할 수는 없다. 그런 점에서 운명은 언제나 역설적이고 그에서 비롯된 사실은 참 얄궂다. 하지만 그래도 받아들여야 한다. 그래야 바랄 수 있다. 모든 걸 순수하게 바라보기에 바라는 게 많은 어린아이처럼, 그렇게 있는 그대로 바라보고 바라야만 끝내 원하는 바를 이룰 수 있다.

어떤 일을 하길 바라는가. 어떤 회사에 들어가길 바라는가. 조직이 어떻길 바라고 또 어떤 업계, 어떤 사회가 되길 바라는가. 과연 그런 국가에 살길 바라는가. 그렇다면 순수한 정의감을 잃지 마라. 어른이 되었다고 철이 들었다고 그것을 품는 걸 부끄러워 마라. 철든다는 건 때와 장소에 맞게 언행 할 줄 아는 것일 뿐, 그것의 유지나 상실과는 전혀 무관하다. 그것은 오직 의지와 선택에 달렸다. 만약 세상이 조금이라도 변하길 원한다면 순정을 잃지 마라.

나는 스타트업 시기 목을 혹사한 탓에 예전만큼 소리가 나오지도 않고 밴드 활동도 오래전에 끝이 났다. 하지만 그 이후에도 늘 록을 해왔다. 특히 이 책을 쓰는 동안엔 '글'이라는 방식과 실천으로 계속했다. 록이 비주류인 시대란 것도, 그 정신이 흐릿해진 시대란 것도 잘 알고 있다. 그래도 상관없다. 사람은 무엇으로 사는가. 결국엔 느끼게 될 것이다. 행동은 말보다 소리가 크다. 그리고 이 세상과는 싸워 볼 가치가 있다. 저항 의식을 갖길 바란다. 단지 사회를 향해서만이 아니라 나 자신을 향해서도.

자기중심, 자기방임, 자기과시, 자기방어, 자기연민… 자기를 걷어차 버리고 그 대신 순정을 품은 로커로서 이 전선으로 나오길 바란다. 이곳에선 승리와 패배의 기준이 불분명하다. 치열하게 싸우기만 하면 어떤 식으로든 전리품이 생긴다. 그것은 자신을 발전시킬 것이며 그렇게 성장한 우리가 되어 함께한다면 미약하지만 확실하게 세상을 변화시켜 나갈 수 있다.

편지란 주로 보고 싶은 사람들에게 써 보내는 것이다. 부대에서도 그렇지만 전선에 나와 있는 경우라면 더더욱 그러하다. 다사다난했던 지난날

나의 시간은 언젠가 좋은 사람들과 함께할 앞으로 우리의 시간을 위한 것이었으리라 생각한다. 가장 좋을 때, 가장 좋은 곳에서 만나게 되길.

부디 이 편지에 내 진심이 묻어나기를 소망한다.

포도원 주인을 기다리며

- 김성호 따뜻한교회 담임목사

어느 포도원 주인이 있었다. 그는 이른 아침마다 장터로 나가 포도원에서 일할 사람을 구했다. 그곳엔 언제나 일자리를 찾는 사람들이 가득했다. 모두가 의욕적이고 건강하며 일할 능력도 충분한 자들이었으나, 그중 기회를 얻는 사람은 극소수에 불과했다.

포도원 주인은 이미 오전 9시부터 오후 6시까지 하루 내내 일할 한 남자를 구했지만, 다른 이들에게도 어떻게든 일을 주고 싶어 했다. 그래서 정오나 오후부터 일할 사람들을 추가로 뽑았다. 덕분에 심지어 오후 5시부터 단 한 시간만 일하게 된 사람도 있었다.

날이 저물고 일이 끝났을 때 주인은 일꾼들을 불러 모아 약속한 품삯을 지급했다. 그러자 아침부터 줄곧 일한 남자가 잔뜩 불평하기 시작했다. 알고 보니 모두가 똑같은 임금을 받은 것이다. 그는 늦게부터 한 시간만 일한 자가 온종일 더위를 견디며 수고한 자신과 같은 대우를 받는 걸 전혀 이해할 수 없었다.

포도원 주인은 일이 없는 자들의 마음을 헤아리고, 그들의 인간적 존엄과 가치를 중히 여기는 자비로운 사람이었다. 그래서 비록 약간의 손해가 있더라도 더 많은 이가 일하도록 해준 것이다. 불평하는 남자에게 삯을 덜 준 것도 아니었다. 그것은 주인이 약속한 대로였지만 남자는 처음 승낙했을 때처럼 그저 감사하며 평온을 유지하지 못했다. 자신과 남을 비교하기 시작하자 주인의 호의와 그에게 인정받은 자신의 가치는 물론이고, 그 소중한 기회에서 비롯된 만족과 행복 모두가 순식간에 무의미해지고 만 것이다.

이것은 비단 성경에만 나오고 마는 이야기가 아니다. 명백한 오늘날 우리의 모습이다. 지금도 일하지 못하는 청년들은 넘치고 일할 곳은 손을 꼽는다. 모두가 전선에 있는 심정으로 구직 활동을 하며, 늘 사회 속 팽배한 '상대적 평가'라는 시험과 맞닥뜨린다. 그래서 일하고 대가를 받은 남자도, 일하기 위해 노력해온 저자도 이 원인으로 실망했고 고통받았다.

그러나 어떤 조건, 어떤 순간에도 다른 이와 비교하는 상대적 평가의 자리에 나 자신을 세우지 않아야 한다. 우리는 모두 각자만의 특색과 가치가 있다. 그리고 그를 알아보고 아껴주는 포도원 주인은 우리 앞에도 분명 나타난다.

그렇기에 나는 그 전선에서 끝까지 자신의 존엄을 지키며 싸우는 이들을 응원한다. 그것을 보존해야 불필요한 낙담에 빠지지 않을 수 있기에. 또 그래야만 비로소 그 모습을 귀하게 본 누군가가 이렇게 말할 것이기에.

"우리와 함께 일하면 좋겠습니다!"

전선에서 온 편지

초판인쇄 2024년 08월 09일
초판발행 2024년 08월 09일

지은이 유상열
펴낸이 채종준
펴낸곳 한국학술정보(주)
주 소 경기도 파주시 회동길 230(문발동)
전 화 031-908-3181(대표)
팩 스 031-908-3189
홈페이지 http://ebook.kstudy.com
E-mail 출판사업부 publish@kstudy.com
등 록 제일산-115호(2000. 6. 19)

ISBN 979-11-7217-483-5 13190